安徽省社会科学创新发展研究课题(2021CX134)

英语翻译方法与技巧

张文娜　著

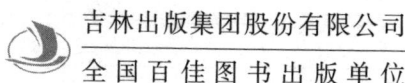
吉林出版集团股份有限公司
全国百佳图书出版单位

图书在版编目(CIP)数据

英语翻译方法与技巧 / 张文娜著. —— 长春：吉林
出版集团股份有限公司，2022.9
ISBN 978-7-5731-2307-7

Ⅰ.①英… Ⅱ.①张… Ⅲ.①英语－翻译－研究
Ⅳ.①H315.9

中国版本图书馆 CIP 数据核字(2022)第 173414 号

YINGYU FANYI FANGFA YU JIQIAO

英 语 翻 译 方 法 与 技 巧

著　者　张文娜
责任编辑　杨亚仙
装帧设计　张啸天

出　版　吉林出版集团股份有限公司
发　行　吉林出版集团社科图书有限公司
地　址　吉林省长春市南关区福祉大路 5788 号　邮编:130118
印　刷　唐山富达印务有限公司
电　话　0431－81629711　（总编办）
抖 音 号　吉林出版集团社科图书有限公司 37009026326

开　本　787mm×1092mm　1/16
印　张　9.75
字　数　164 千字
版　次　2023 年 1 月第 1 版
印　次　2023 年 1 月第 1 次印刷

书　号　ISBN 978-7-5731-2307-7
定　价　45.00 元

如发现印装质量问题,请与市场营销中心联系调换。

前　言

　　翻译是运用一种语言把另一种语言所表示的思想内容准确而完整地重新表达出来的语言和文化活动，是使用不同语言的人们沟通思想，促进政治、经济、文化、科技交流的重要手段。现今需要解决的是译者如何在基本翻译理论的指导下，正确对比源语与译语的语言差异和两种语言所表现的文化差异，根据翻译的目的和标准，采取何种翻译方法和如何处理翻译实践中的语言和文化问题。

　　笔者以多年翻译教学经验为基础，在不断地学习许多优秀翻译工作者宝贵经验的基础上形成拙著。全书的主要内容包括翻译的内涵与标准、翻译的价值与过程、翻译基本理论、英译汉常用的翻译方法与技巧、汉译英常用的方法与技巧、特殊词语和句子的翻译。

　　本书实践应用性强，对翻译研究人员、英语学习者和从业人员具有一定参考价值。

　　本书参考了诸多专家学者的文献资料，在此表示感谢。由于水平有限，书中难免出现错误，欢迎读者指正！

目　录

第一章　翻译概述

第一节　翻译的内涵与标准

一、翻译的内涵

古今中外，有众多学者和翻译理论家从多个维度对翻译的内涵和外延进行了探讨，下面就从信息学角度、符号学角度、文化学角度、艺术学角度对翻译的内涵进行探讨。

（一）翻译的信息学内涵

翻译作为传递信息的一种重要手段，有很多学者从信息学的角度对翻译的内涵进行阐释。

根据上海外国语大学教授王德春的观点，翻译就是转换承载信息的语言，用另一种语言来表达第一语言所承载的文化信息。

根据新疆社会科学院语言研究所原所长李树辉的观点，翻译是一种传递信息的解码与重新编码的活动。他还认为，从其他角度对翻译内涵的阐释诸如符号学、文艺学等对翻译的本质属性揭示得不够全面，甚至失之偏颇。虽然李树辉的观点带有主观色彩，但是这一观点的存在本身就体现了对翻译内涵的理解开始呈现多元化的趋势。

（二）翻译的符号学内涵

在翻译中引入符号学开始于 19 世纪末、20 世纪初，符号学研究者将文化背景和语境视为影响信息传递的主要因素，并将翻译定义为牵涉到全人类交际系统的交流活动。

南京大学外国语学院教授许钧认为："翻译是以符号转换为手段、意义再生为任务的一项跨文化交际活动。"

浙江财经学院外国语学院教授杨贤玉对翻译内涵的理解也在某种程度上借鉴了翻译符号学的研究理念。他将翻译进行广义和狭义之分。广义的翻译被称作"符际翻译",侧重强调"基本信息"的转换,此概念的外延相当宽泛,不仅包括本族语言与非本族语言、方言与民族共同语、方言与方言、古语与现代语、语言与非语言(符号、数码、体态语等)之间的信息转换等,还包括不同语言间的翻译,语言变体间的翻译和语言与其他交际符号的转换等。狭义的翻译一般是指"语际翻译",即用一种语言符号解释另一种语言,诸如英译汉、汉译英、法译英等。

这种对翻译内涵的阐释不再仅仅局限于语义的转换,而是将其对象扩大到言语符号,并覆盖了人类的整个交际系统。但这种对翻译内涵的阐释是对语言学研究的拓展或延伸,继承了语言学定义中转换和对等的思想,并在很大程度上受制于语言学定义。

(三) 翻译的文化学内涵

传统观点对翻译的研究一直将语言分析和文本对照作为其根本任务。但就具体实际而言,翻译还涉及两种语言所负载的文化。翻译的文化学内涵建立在符号学概念的基础之上,将文化交际理论的研究引入翻译研究领域中。

国内资深翻译理论家张今从文化交际的角度对翻译进行了概述。根据其观点,可将翻译看作两个语言社会间的交际过程或交际工具,翻译的目的也旨在促进本语言社会的政治、经济和文化等层面的发展和进步,翻译的任务也是将原作中包含的现实世界的逻辑映像或艺术映像,完整地从一种语言移注到另一种语言中。

对翻译文化学角度的内涵认识扩大了翻译的范围,将注意力从翻译作品和翻译过程的研究转向整个翻译行为,并将翻译活动视为跨文化交际的活动,对翻译的社会功能进行了强调。

(四) 翻译的艺术学内涵

翻译的艺术学内涵其实是从审美的角度对翻译进行的探讨,这种角度对翻译的探讨将翻译视为一种艺术创作的形式。

西方文艺学派的典型代表巴斯纳特、兰伯特、拉斐维尔以及赫曼斯等人这样认为:"翻译是对原文的重新摆布。"

根据我国当代著名文学家茅盾的观点,文学翻译是用另一种语言来传达原作的艺术意境。

我国知名翻译家、出版家王以铸将翻译定义如此阐述："好的翻译绝非将原文逐字逐句生硬搬迁过来，而以传达原文的神韵为主要目的。"

这些对翻译内涵的阐释将艺术性作为译者的追求，这些定义也无形中从侧面涉及对文体学、修辞学、美学的探讨和对翻译作品的研究甚至对翻译结果的评价。但是不难发现，有些概念也很像译者零碎的感悟或总结，然而这些观点却在对翻译活动的认识层面起了过渡性作用，人们对翻译内涵的认识逐渐由无规律的形式上的归纳向有规律的内容分析的方向发展，译者也开始倾向于对系统翻译理论进行探索。

二、翻译的标准

（一）国内典型的翻译标准

在此主要结合国内译学家严复的翻译标准进行分析。

严复对我国翻译事业的贡献同时兼备理论和实践两大方面。下面将结合"信、达、雅"这一翻译原则进行分析。

严复在《天演论》译例言中提出了"信、达、雅"的翻译原则。"信、达、雅"三字简直成了中国翻译理论史上言开必谈的金科玉律。

在此标准中，他提出把"信"作为翻译的首要标准，认为译文应该紧扣全文主旨，对于个别语句可以有所颠倒增删，只要不偏离原意，不必太苛求语句的对应和顺序。在确保"信"的前提下，又强调了"达"的重要作用。严复认为，求信而不达，译了等于没译，只有做到达才能做到信，要做到达，译者必须首先认真通读理解全文，在此基础上做到融会贯通，然后再进行翻译。做到了信和达之后，还要求"雅"，关于"雅"，严复认为，译文要雅，否则没有人看，"雅"是指"古雅"，要采用汉代以前使用的文言文。"信、达、雅"三字简明扼要，反映了翻译中译文和原文的关系，作为一种翻译理论独步中国翻译界达 100 年之久，在世界上绝无先例且具独到之处，并且在中国翻译理论界占有极高的地位，成为我国翻译界影响最深、最具生命力的翻译标准。

（二）国外典型的翻译标准

国外典型的翻译标准要属多雷的翻译五原则、乔治·坎贝尔翻译三原则、安诺德"化而为一"的标准、奈达的"读者反应论"以及费道罗夫的"确切翻译原则"和"等值"思想。下面就对这几个翻译标准进行具体分析。

1. 多雷的翻译五原则

艾蒂安·多雷是 16 世纪法国文艺复兴时期的人文主义者、学者、翻译家。他根据翻译的重要性在发表的论文里列出了翻译的五原则。要翻译得出色，必须做到以下五点。

（1）充分吃透原作者的意思。

（2）精通所译作品的语言，同时对译语也能熟练应用。

（3）切记做逐字翻译的奴隶。

（4）避免生词僻语，尽量使用日常语言。

（5）注重译语修辞，让译文的词语安排不仅读起来朗朗上口，听上去也能让人感到愉悦甜美。

从对翻译的理解、译者对语言的掌握、翻译的方法以及译作的风格等方面来看，他的这篇论文在西方可以说是最早的一篇系统论述翻译问题的文章。在西方翻译史上也占有非常重要的地位。

2. 乔治·坎贝尔的翻译三原则

乔治·坎贝尔对翻译理论研究的突破和贡献主要表现在他在 1789 年提出的翻译三原则。他认为，好的翻译应包括以下三个方面的内容。

（1）To give a just representation of the sense of the original.

（2）To convey into his version, as much as possible, in a consistency with the genius of the language with which he writes, the author's spirit and manners.

（3）To take care that the version has at least the quality of an original performance so as to appear natural and easy.

中国著名翻译家、翻译理论研究学者谭载喜对此三原则做了分析，他认为坎贝尔基于翻译三原则的理解表现在对翻译的作用和目的所进行的以下三点说明。

（1）翻译要准确地再现原作的意思。

（2）对翻译的实际过程和技巧进行了描写和分析，即在符合译作语言特征的前提下，尽可能地移植原作者的精神和风格。

（3）评论了翻译目的和技巧间的关系，要求译作像原作那样自然流畅。

坎贝尔还首次出版了专门论翻译问题的著作《四福音的翻译与评注》，在这部书中，坎贝尔提出《圣经》的翻译应该为文学与宗教两种不同的目的服务，并首次提出了翻译的三大原则。此原则在英国译论史上具有划时代的意义，被称为英国译论界的里程碑。

3. 安诺德"化而为一"的标准

19 世纪的英国诗人和批评家安诺德主张，译者应当与原文"化而为一"，这样才能翻译出良好的译文。安诺德在 1861 年发表了《评荷马史诗的译本》一文，这篇论文是翻译思想史上的一个重要文件。

4. 奈达的"读者反应论"

尤金·奈达主张，译者应当将翻译的重点放在译文读者的反应上，即把译文读者对译文的反应和原文读者对原文所可能产生的反应进行对比。奈达指出，"翻译的实质就是再现信息"。他认为，判断译作是否译得正确，必须以译文读者与原文读者对所接收的信息能否做出基本一致的反应为依据。奈达结合现代信息传递理论，强调"译文至少要使读者能够理解"，这是翻译最低的标准，因为不能令人看懂的译文，就谈不上忠实。奈达主张译出各种不同的可供选择的译文，让读者检验译文是否明白易懂，所以一个优秀的译者总是要考虑对同一句话或一段文章的各种不同的译法。应该说，从理论研究角度来看，这样的主张颇有道理，但在翻译实践中却很难做到，因为译者的水平毕竟有限。

奈达关于翻译标准的论述可以概括为"忠实原文、易于理解、形式恰当、吸引读者"。奈达将读者因素纳入翻译标准中，可以说是对翻译标准研究的重大贡献。

5. 费道罗夫的"确切翻译原则"和"等值"思想

费道罗夫是苏联翻译理论家，是语言学派的代表人物。他在《翻译理论概要》一书中提出了"确切翻译原则"和"等值"这个术语，认为翻译的确切性就是表达原文思想内容的完全准确和在修饰作用上与原文的完全一致。这是苏联第一部从语言学角度研究翻译理论的专著，其核心内容就是"等值论"或等值翻译。费道罗夫认为翻译原则有两项。

（1）翻译的目的是尽量确切地使不懂原文的读者（或听者）了解原作或讲话的内容。

（2）翻译就是用一种语言将另一语言在内容与形式不可分割的统一中业已表达出来的东西准确而完全地表达出来。

费道罗夫的"等值"也曾被我国一些翻译理论家作为翻译标准。费道罗夫是首位从语言学维度来系统研究翻译理论的翻译理论家，当然，他也是向传统的翻译理论研究发起挑战的学者，他坚持认为译文与原文之间完全可以确立确切对等的关系。

第二节　翻译的价值与过程

一、翻译的价值

翻译的价值是对翻译之"用"的理论与历史性的探讨和思考。换言之，就是对翻译实践或活动所起的价值的认识和定位。下面就对翻译的基本价值以及附属价值进行分析。

（一）翻译的基本价值

翻译的基本价值主要体现在语言价值、文化价值、社会价值、美学价值几个方面。

1. 翻译的语言价值

翻译的语言价值是指翻译活动或实践对语言本身所产生的影响或作用。主要体现在以下几个方面。

（1）从形式上而言，翻译作为语言转换活动的一种，本身就是一种符号转换的活动。这里所提及的语言并非狭义的语言，因为其翻译活动包括语内翻译、语际翻译以及符际翻译等所涉及的一切翻译活动。所有翻译活动也都需要经过符号翻译的转换过程。例如，将外语译成汉语，不仅仅是将外国人的思想、情感引进来，同时也是对外国人的语言方式以及产生这些思想、情感的方式的引入。

（2）翻译的语言价值的另外一个重要体现是在历史进程中其对语言本身的改造作用。例如，路德对《圣经》的翻译，不仅从实质上推动了德国的宗教改革，而且对德国语言的发展和统一具有开拓性的价值意义。

然而，在对翻译的语言价值对目的语所起的积极作用进行认可的同时，也不能否认由于翻译策略或方法的使用不当，在翻译时过于"异化"也会对目的语产生负面影响，这就要求译者在运用翻译策略和方法时把握好"同化法"和"异化法"这个度。

2. 翻译的文化价值

翻译的文化价值指应该从文化层面去认识翻译和理解翻译。具体体现在以下几个方面。

（1）从某种意义上来看，翻译在不断地促进文化的积累与创新。翻译与民族之间交往共生，与文化之间互动同在。

（2）翻译作为跨文化交际的一种手段和媒介，在阐释、传递和建构文化价值观的过程中发挥着不可替代的桥梁作用。翻译因人类相互交流的需要而生，并以寻求思想沟通，促进文化交流为目的或任务。

（3）所译作品的文化价值观也会使一个民族或个人对其他文化的态度产生影响。

3. 翻译的社会价值

翻译与时代的变化和发展共存，具有很强的社会价值，具体体现在以下几个方面。

（1）翻译对社会交流与发展的强大推动作用。它是由翻译活动的社会性所决定的。具体而言，是指翻译在克服阻碍交流的语言差异和为人类从相互阻隔走向相互交往，从封闭走向开放，从狭隘走向开阔所起的推动性作用。重庆翻译学会会长廖七一在《当代英国翻译理论》一书的开篇就用洗练的文字对翻译在社会交流和发展中的强大推动作用加以阐述。他这样写道："翻译是人类社会历史最悠久的活动之一，几乎与语言同时诞生。从原始部落的亲善交往，文艺复兴时代古代典籍的发现和传播，直至今天世界各国之间文学、艺术、哲学、科学技术、政治、经济的频繁交流与往来，维护世界的稳定和持久和平，翻译都发挥了不可估量的作用。"

（2）翻译的社会价值还体现在对民族精神和国人思维的深刻影响。一方面，翻译对民族精神有塑造作用；另一方面，翻译对语言的改造及对最终达到改造国人思维方式有作用。严复翻译的《天演论》就是最典型的例子，其目的明确，通过进化论的译介，既告诉国人有不适者亡的危险，又号召人民奋发图存，自强保种。

4. 翻译的美学价值

翻译实践中的任何一部佳品，都体现着译者对美的追求和美的价值呈现。这在许多著名翻译家对翻译标准的概述中都有体现。例如，翻译家许渊冲认为：求真是低要求，求美才是高要求；严复的"信""达""雅"中的"雅"字，现代翻译学家赋予其新的含义，就是要求译文应该具有美学价值。

就翻译本身来看，它不仅是单纯地对语言进行转换的过程，还是译者解读原作的美并将其转化，移植到译文中的一种审美和创造美的过程。翻译的美学价值体现了人们对美的追求和人文理念。美学价值可以指导翻译的理论与实践，借以在翻译领域发展其自身；美学的价值分析和判断还可以帮助译者对原文和译文进行全方位、多层次的分析，找出那些隐含于字句之外，却又可感知的要素。

就英汉两种语言本身来看，由于中西文化的差异和人们思维方式的不同，两种语言也都有各自对美学价值的追求。英语是西方语言的一种，它反映了西方美学价值观的特点，它强调的是理性、抽象思维、空间结构和逻辑推理。而中国古典美的价值讲究的是中和、气韵、意境、美丑、情志、形象、形神、文质、虚实、真幻、文气、情景、动静、比兴等，强调文字内在精神的元素。虽然两种语言对美学价值的判断存在差异，但无论在英译汉还是汉译英时，译者都期望既忠实原作之美，又要努力实现译作对原作美学价值的传达。

（二）翻译的附属价值

翻译的附属价值指的是翻译作品所带来的价值的增值或减值。具体而言，主要是因为在新时期，翻译活动呈现出日益市场化、商品化的趋势，甚至成为一种受到利益驱动的经济实践活动，在此活动中实现了语言的增值，具体体现在创造价值和经济价值两个方面。

1. 翻译的创造价值

翻译是一个继承和创新的过程，具有创造性的价值。主要体现在以下两个方面。

（1）从社会角度来看，翻译作为一种以交流为基础的社会活动，不同语言间的交流有利于思想疆界的拓展和思想解放，同时，也为译者的创造力奠定了基础。为了真正导入新事物、新观念、新思路，翻译时就不可避免地要进行大胆的创造。例如，文学语言艺术的翻译就是在原语的基础上对语言符号的转换和创造的过程。

（2）从文化角度来看，翻译中任何异质因素的导入都具有激活目的语文化因子和创新的作用。翻译的创造价值孕育着一种求新求异的创造精神。这种创造精神敢于打破自我封闭的局限，在与"异"文化的交流、碰撞与融合中完善、丰富和发展自我本身，这也是翻译的精髓所在。

2. 翻译的经济价值

翻译的经济价值从本质上来看是语言的增值能力，通常而言，翻译并不直接参与一部所译作品的经济收益，它仅仅关心译作中的语言问题。翻译工作者在翻译作品的出版和发行的过程中对其所译作品负责，但是并不以其翻译作品具体能带来什么样的经济效益为直接动因。例如，以一部文学作品的经济价值为例进行分析，其经济利益不仅和原作的社会影响直接相关，还同译作所展现出的审美价值有直接关系。如果译文和原文在其各自语言环境下所发挥的作用基本相同，得到等同翻译价值就有极大的可能性，如果译文所发挥的功能同原文在原语语境下不同，就会出现翻译增值或减值的可能，这一点主要是对翻译本身而言的。

但是，从经济学的角度对出版商和经销商进行分析，不在于翻译的增值或减值，而是翻译作品即为商品。在他们看来，翻译作品不仅具有指导功能、信息功能、娱乐功能、劝谕功能等，还要具有创造经济利益的功能。尤其对于非文学作品诸如广告语言、科技语言的翻译而言，这类非文学作品翻译的增值空间和经济价值更为明显。

二、翻译的过程

翻译作为一种复杂、艰苦的思维过程，有别于其他任何语言活动。对翻译过程的理解和阐释也可谓见仁见智、不一而足。

（1）南开大学外国语学院教授王宏印在《英汉翻译综合教程》中将翻译作为完整的交际过程，并认为创作是翻译的先导和基础，翻译是创作的发展和继续。

（2）尤金·奈达在《论翻译》中将翻译分为准备、工作和核校三个阶段。

（3）根据中国英汉语比较研究会前会长杨自检的观点，翻译的思维过程包含形象思维、灵感思维的交错运用，翻译的思维过程不是一维的抽象思维，而是理解原作和对原作加以表达的过程。

由此可见，翻译是以语言为媒介、以译者为主体的创造性活动。在此过程中，翻译客体是具有整体性、系统性、可读性、稳定性、可译性、外伸性等特征的文本。为了获得理想的译文，翻译过程必定是错综复杂的，在此将翻译过程概括为理解、表达和审校三个步骤。

（一）理解阶段

理解是表达的前提，是翻译过程的第一步。充分透彻地理解原文是保证翻译正确的关键和基础。因此，译者须从原文的语言现象入手，对上下文之间的词汇含义、句法结构、逻辑、语境和段落篇章等进行有联系的理解。以下是译者在理解阶段应注意的方面。

1. 理解词汇含义等语言现象

在翻译的过程中要结合上下文具体语境准确理解英语词汇的含义。正如英国著名语言学家弗斯所说的 "Each word，when used in a new context，is a new word." 这句话，是说同一个词在不同的语言环境中有不同的意义。

在翻译过程中，尤其要注意一些常见的词语一词多义的现象，这也是翻译过程中最容易出错的地方。对词汇含义或习语等语言现象的理解，要结合其具体的语境才能翻译得更精确贴切。例如：

She went to Canada to study last fall.

去年秋季她到加拿大学习去了。

本例中 fall 是秋天的意思。在美式英语中经常这样用，英式英语没有这种用法。

2. 理解句法、段落、篇章结构与逻辑关系

由于英汉两民族在思维模式上的不同，英汉句子结构段落、篇章结构和逻辑关系也存在很大的差异，应结合具体语境对这几个方面加以理解。

（1）在针对同一意思的表达上，英汉语也会采用不同的句法结构。因此，在翻译的过程中，不能只看半句话或开头几个词就动笔去译，要读完一整句话，弄清句子结构，分析句子成分，句子传达的是什么意思，肯定什么，否定什么，提出什么问题，表达什么愿望或情感，是否隐含什么，是否话中有话。例如：

President Kennedy wanted people who raised questions, who criticized, on whose judgment he could rely, who presented an intelligent point of view, regardless of their rank or viewpoint.

肯尼迪总统需要提问题的人、能提批评意见的人、做出确凿判断的人以及能提出明智看法的人，而不问他们的级别和观点。

本例中 who...、who...、on whose...、who... 四个定语从句并列，共同修饰中心词 people。

（2）翻译是一个整体的逻辑思维的全过程，因而不仅要看其语法形式是否正确，还要通读整个段落或全篇文章，先有个整体了解，知道说的是什么，要解决什么问题，关键在哪里，是什么结构，做到胸中有数。要了解整篇文章的行文逻辑，还要结合语言背景知识和内容进行整体把握。例如：

There are many things that we do in our own culture that we never ask questions about. We do things without thinking about them because we have always done them in the same way. When we are in another culture or with people from a different culture，we see that people do things in many different ways. One of the first differences we notice is the forms of address that are used in the culture. The language that people use to address each other tells us many things about a culture.

在自己的文化里我们所做的很多事从不需要问为什么，做事时也不需考虑什么，因为我们往往用同样的方式处理这些事情。而当我们处于另一种文化中或与来自另一种文化的人交往时，我们就可以看出，人们做事的方式不尽相同。我们首先注意到的是不同文化的人相互称呼的方式不同。人们相互称呼时所使用的语言可反映出某一文化的丰富内涵。

（3）译者还要根据语言环境和一定的背景知识等去理解逻辑关系。逻辑关系能帮助我们有效理解通过原文语法关系不能理解的问题。例如：

It is good for her to do that.

从语法关系来看，这句话有两种含义：这样做对她有好处；她这样做是件好事。但其具体含义应根据上下文的逻辑关系进一步推理判断，进而选择合乎逻辑的译法。

（二）表达阶段

表达是理解基础上的升华和体现，是准确地运用各种翻译技巧，以规范的汉语体现原文的内容，要求译文尽可能"忠实""通顺"，从而使所译的东西在内容和形式上成为有机的统一体。在表达阶段，译者要关注原语和目的语之间在表达方式和文化上的差异，使译文既忠实于原作，又符合译入语的语法和表达习惯，尽量避免翻译腔，同时要恰当地再现原文的思想内容和文体色彩。表达的内容也涉及关键词的表达，短语与句子的表达，以及整体的表达。要使表达内容和形式上达到完美的统一，译者不仅要语言基本功扎实，还要善于综合运用各种翻译技巧。以下是译者在表达阶段应注意的几个方面。

1. 准确的措辞

翻译中我们会经常遇到一词多义的现象，要准确理解词汇在原文中的含义，就必须确定英语汉语词汇语义上的对应关系。理解词语字面上的意义和内含意义，从而对译文词汇正确推敲，尽量准确措辞。例如：

She put forward some new ideas to challenge the interest of all concerned.

原译：她提出许多新见解，挑战了有关人士的兴趣。

改译：她提出了许多新见解，引起了有关人士的兴趣。

要译好一句话，准确的措辞十分重要。原句中 challenge 一词的基本含义是"挑战"。但如果把 challenge the interest 译成"挑战兴趣"，在汉语中有些说不通，因而此处译为"引起"。

2. 语义内容的衔接连贯

"衔接"就是运用适当的语句形式进行"连接"。由于英汉思维模式存在差异，因此在翻译的表达阶段，译者应该加强衔接意识，整体把握语篇的意义，透彻理解语篇的信息，对原语的衔接方式进行有效的转换变通，使之顺应译语的衔接规范，达到语篇上的衔接连贯。例如：

I wanted to be a man, and a man I am.

我立志想做个真正的人，我现在终于成了一个真正的人。

此外，在表达阶段，还应注意使译文和原文之间的风格对等。风格是文学艺术作品的一个重要表现形式。如果原作品被翻译之后，风格全无，可以说译文也是没有生命力的。然而原文的风格能否在译文中得到有效的传达，是和译者的语言转换能力和才情直接相关的。努力地再现和表现原语本的风格，也是译者在表达的过程中一直强调的标准之一。

（三）审校阶段

审校是翻译实践中不可或缺的一步。审校作为翻译工作的最后一个步骤，主要工作是检查译文有无遗漏丢失、错译误译、前后矛盾、关系混乱、文体逻辑等方面的问题，同时还要润色文字，在译文的"传达"上下功夫，力求用词贴切，文从字顺，增强译语的可读性。

审校的目的有两个：一是检查译文是否精确；二是检查译文是否流畅、简练。

审校也是使译文能符合忠实通顺标准的一个重要阶段，是对原文内容进一步核实以及对译文语言进一步推敲的阶段。审校阶段是理解与表达的进一步深化。在审校阶段一般应注意以下几点内容。

（1）校核译文在人名、地名、日期、方位、数字、数量等方面有无错漏。

（2）校核译文的段、句或重要的词有无错漏以及成语的语义色彩是否得当。

（3）修改译文中译错的和译得不妥的句子、词、词组以及专业术语等。

（4）力求译文没有冷僻罕见的词汇或陈腔滥调，包括力求译文段落、标点符号正确无误。

（5）通常必须审校两遍。第一遍着重校核内容，第二遍着重润饰文字。

如果时间允许，再把已审校两遍的译文对照原文通读一遍，做最后一次检查、修改，务必使所有问题都得到解决，译文才算最终定稿。

第三节　翻译基本理论

一、西方翻译理论

西方的翻译理论浩瀚如烟，诸多著名翻译家都提出了自己的翻译理论。下面首先来了解一下西方翻译理论的历史发展过程，然后介绍一些著名翻译家的翻译理论观点。

（一）西方翻译理论的发展历史

从时间角度上来分析，西方翻译理论的发展历史可以分为早期翻译时期、文艺复兴翻译时期、近代翻译时期、现当代翻译时期四个主要时期。

1. 早期翻译时期

西方早期翻译是从罗马帝国的鼎盛时期到罗马帝国的灭亡，这期间经过了700多年，并且出现了两大发展阶段。

第一阶段主要是把古希腊文学特别是荷马史诗和戏剧首次介绍到罗马，从而促进了罗马文学的产生和发展，并对以后的欧洲各国继承古希腊文化起了重要作用。

第二阶段就是大规模的宗教翻译阶段，《圣经》以及其他神学著作的翻译逐渐取得了与世俗文学翻译并驾齐驱的地位，并在以后的历史发展中超过了一些世俗文学的翻译，这成为西方翻译的主流。

这一时期是西方翻译理论和翻译方法的最早研究时期。早期的翻译方法很大程度上受到了罗马和希腊之间关系的影响。随着西塞罗直译和活译问题的明确提出，文学翻译家们就围绕着这一问题展开了讨论，先后形成了三大派别：以西塞罗、贺拉斯为代表的活译派；以菲洛、奥古斯丁为代表的直译派；以哲罗姆为代表的活译和直译兼用派。但不论是哪一派，都对翻译理论问题发表了不少意见，其影响一直延续到以后的各个时期乃至现代。但值得注意的是，整个古代的翻译理论研究并不是非常系统的，并且也没有专家或专著的出现，有的只是文学家、神学家在谈论其他主题之外或翻译家在译作的序、跋中附带加以阐述的观点。

2. 文艺复兴翻译时期

13世纪末期，文艺复兴在意大利兴起，15、16世纪遍及整个欧洲，文艺复兴是指对古希腊、罗马的文学、科学与艺术进行重新审视、发现并振兴，这是一场思想文化层面上的大革命。文艺复兴主要是为了传播人文主义思潮，它遍及文学的各个层面，其中包含古希腊、罗马以及欧洲作品的研究，后于16世纪传入世界上的其他国家。而对于翻译界来说，翻译家们不断探索新的文学领域，挖掘新的文化遗产，将古代以及近代的经典著作翻译成民族语，这就是西方翻译史上的第四个高潮时期。这一时期不同国家的翻译风格也迥然不同，下面将重点对德国、英国、法国这三个国家的翻译进行分析。

（1）德国翻译

德国在这一时期仍旧是德语与拉丁语的互译，但是在风格上有了独特的认识，之前完全模仿拉丁文的风格逐渐消失。在翻译上，由于更注重德语语言的独立性特征，因此主张应该运用自身独特的表达方式，不能将其进行逐词翻译。这主要有两个方面的原因：一是受不同语言之间差异和语言本质的不同影响，二是对民族语的愿望不断增强，民族感高涨。这一时期的德国，大多数翻译家和理论家采用德语翻译习惯进行翻译，放弃了之前对拉丁语言的热衷。另外，意译派也提出了反对逐词翻译的理由：一是德语有自身独立的语言风格，不应该模仿别人或者被人模仿；二是德语也有其自身的语言规则，应该被尊重。这成为德国在这一时期始终贯穿的思想，较著名的翻译家和译者比较多，尤其是伊拉斯谟的翻译理论。

在这一时期，文学翻译理论提出了新的办法，而伊拉斯谟就是其中的代表之一。他学识渊博，对于语言研究见长，并且在拉丁文学与希腊文学上颇有造诣，尤其是他对文学与风格问题的论述受到了其他国外学者的赞同。因此，伊拉斯谟的思想对德国甚至整个欧洲的影响都很深远。在众多的翻译著作中，最为著名的就是他1516年发行的《圣经·新约》希腊语著作，这一著作是在原手抄本基础上进行的附言与解注。《旧约》的翻译轰动了整个欧洲的翻译界、学术界，并对以后《圣经》的翻译发挥了至关重要的作用。从他翻译的著作中可以看出其风格优美、译文精准。他对翻译理论也做了详细的阐述，主要体现在以下四个方面。

第一，必须尊重原作，因为任何译本都很难译出原作的思想和语言。

第二，译者需具备丰富的语文知识，因为读懂原作品是翻译的基础。

第三，风格是翻译的一项重要组成部分，在翻译中要表现出希腊语的修辞手段，即如果原文是诗，那么就用诗进行翻译；如果原文是单词，那么就选择单词进行对应；如果原作选用的语言比较朴素，翻译的时候语言也应该朴素；如果原作的风格高雅，那么译文的风格也应该是高雅的。

第四，风格的性质还受到读者要求的制约。在翻译中如果遇到歧义，伊拉斯谟会选择在文中加注来进行解释说明，至于读者会选择哪个，这由读者自己根据上下文来决定。

（2）英国翻译

文艺复兴运动也是16世纪在英国蓬勃发展起来的，并且在伊丽莎白时期英国的政治、经济力量非常强大，从而带动了学术研究也蒸蒸日上，英国的翻译进入了一个大发展时期。大多数翻译家并没有受到任何翻译理论的束缚，并且很多译本并不是对原作进行翻译，而是对译作进行翻译。而题材上大多是历史作品，主要有尼克尔斯的《伯罗奔尼撒战争史》、萨维尔翻译的《历史》以及诺思的《名人传》等。除此之外还有戏剧作品的翻译，最有名的是塞内加的作品。由于英国的翻译家并不是很多，因此也没有成就系统的翻译理论。

（3）法国翻译

随着人文主义思潮在法国的兴起，到了16世纪法国翻译进入了高潮时期。尤其在古典文化的吸引和推动下，很多人文主义学者开始研究古典文学作品，并将大量的古典作品翻译成法语。但是大部分的译作质量不是很高，对后世的影响也不大，其中阿米欧的贡献比较突出。阿米欧早年受到古希腊和拉丁文学的教育，后成为大学教授兼家庭教师。阿米欧的主要成就就是翻译了为数不多的古希腊、古罗马的文学著作。但是由于其翻译中追求与原作媲美，因此大多数后人将其看作一位作家。

阿米欧翻译的著作有《埃塞俄比亚传奇》《名人传》《道德论说文集》等，其中《名人传》是他的成名作，并得到了国王的支持。实际上，这本书的内容并不多，但是他花费了17年的时间进行翻译，最后翻译成功，给后代的作家提供了创作素材。阿米欧在翻译中，始终坚持以下两条原则。

第一，译者必须清楚、明白原作，在内容的转译上要下功夫。

第二，翻译的笔调应该是自然流畅的，不需要过多的修饰。

和前面的翻译家不同，他强调内容与形式、直译与意译的和谐统一。在这一原则指导之下，其文字的运用更注重大众化、朴素化，并且形成了独特的语言风格，对以后提高读者的文学修养起到了极其重要的作用。

综上所述，西方翻译在这一时期的最大特点就是，各个民族语言的翻译呈现了均衡的发展，这说明西方翻译开始向民族语翻译转型。因此，文艺复兴时期是西方翻译史上的一个重要的转折点。

3. 近代翻译时期

17—19 世纪，各国的翻译在文艺复兴的推动下逐步发展，形成了翻译的高潮。尤其是翻译理论研究的层面，整个西方翻译界出现了前所未有的黄金时代，这一时期是西方翻译史上的第五次高潮。

17 世纪，英、法两国处于遥遥领先的地位，随着两国政治、经济的繁荣发展，知识分子在不断增多，很多人加入翻译的行列，为翻译理论与实践的研究创造了有利的条件。

18 世纪是西方翻译理论的重要发展时期，理论家们开始挣脱狭隘的研究范围，提出了更为全面系统的普遍性翻译理论模式，如著名的巴特、泰特勒等。这一时期的翻译理论关注的是原文的文学特征，比较注重原文的意义。

19 世纪翻译的著作逐步从古代作品转向近现代作品，逐步翻译近现代西方其他国家的文学作品。著名的翻译者有弥尔顿、席勒、歌德等。在翻译理论界，这一时期英国著名的翻译者有阿诺德和纽曼。阿诺德认为"译作的好坏主要看研究学者对其的反映"，而纽曼认为"评判的标准在于一般的读者而并不是研究学者"，他们的争论使整个学术界气氛更加活跃，丰富了整个理论研究的内容。就德国来看，其翻译家和理论家的思想极其活跃，如洪堡、施莱尔马赫、荷尔德林等，他们是从文学与语言学的角度对翻译进行探讨。他们从语言学的角度对翻译的基本单位做了阐述，音素、词素、词等都做过翻译的基本单位。但后来研究发现，翻译应该以篇章作为其基本单位，因为翻译并不仅仅是某些词的串联，而是整个句子和篇章。

下面就对这一时期不同国家的翻译发展来进行表述。

（1）德国翻译

德国翻译在这一时期也得到了较大的发展，尤其是 18 世纪末到 19 世纪初的这一段时间，出现了许多著名的翻译家，如席勒、蒂克、瓦斯等，也出现了许多著名的理论家，如歌德、洪堡、赫尔德等。这些作家翻译了古希腊、古罗马以及当代其他国家的大量文学作品，使德国成为欧洲翻译理论的又一研究中心。歌德是近代德国最为卓越的文学家，他早年对荷马、莎士比亚以及英国的现实主义小说进行研究，对翻译颇有兴趣。由于他精通多国文字，因此翻译的作品对后世影响深远，并且质量较高，可以说是上乘之作。在翻译理论上，他对翻译问题的处理几乎可以呈现在他所有的翻译著作之中，概括起来主要可以归纳为以下三点。

第一，语言形态之间是相互交织的，不同语言之间是彼此相通的。

第二，任何翻译活动都可能是不完美的，但翻译是整个世界文学领域的一项最具有价值的活动，因此人们应该重视翻译。

第三，最适当的翻译应该是朴素无华的。

（2）法国翻译

文艺复兴之后，法国的翻译理论与实践继续向前发展，如 17 世纪出现了古典主义思潮，18 世纪出现了汉学高潮，19 世纪介绍西方当代文艺作品。17 世纪复古之风盛行，因此对大量古典著作的翻译也逐渐展开，在译法上也处于争论不休的状态，有的译者认为翻译应该重视现在，对原作进行自由的发挥；而有的译者则认为翻译应该注重古典，要讲究逐词对应，保证翻译的准确性。

到了 18 世纪，文化有衰落的趋势，为了扭转这一局面，很多翻译学家将目光伸向了别国的文学，首先从英国开始，著名感伤主义作家理查逊的小说被翻译成了法语，对法国感伤主义文学产生了十分重要的影响。其次是中国，由此掀起了轰轰烈烈的汉学思潮，他们学习中国文化，积极翻译中国的文学作品、戏剧作品等。但在翻译上翻译者过于重视内容而忽视了语言文字，翻译的数量虽多但是质量却不是很高，因此在翻译史上的地位并不是很高。

在这些翻译家中，最为著名的就是巴特。巴特是 18 世纪最具有影响力的翻译理论人物，他翻译过古希腊、古罗马的很多经典著作。其对于翻译问题、翻译理论的主张，主要体现在其撰写的《论文学原则》一书中。这本书并不是从文学创作的角度来阐述翻译原则，而是站在一般语言技巧的层面。巴特论述的观点也是翻译的语序问题，对于这一问题的处理需要从 12 项原则着手。

- 对于原作所说的事情（无论是推理还是事实）先后次序不能改变。
- 无论原作句子的长短，应该保持其完整性。
- 应该保留原作思想的前后顺序。
- 副词应该出现于动词左右。
- 应该保留原文中所有的连接词。
- 关于对称的句子，译文也应该保持其对称性。
- 应该保留原文中的语言形式与修辞手段。
- 关于谚语，应该运用自然的语句翻译成谚语。
- 如果对于某些词句进行解释，就不再是翻译，而是评论，这一问题的出现与原文或者译文语言有关。

· 为了满足意义的需要就必须放弃表达形式，保证语言的通俗易懂。

· 应该尽可能用相同的篇幅来表达原文中色彩斑斓的思想。

· 对于原文的思想在本质不改变的情况下，可以选用不同的形式进行表达，可以通过运用表达词语进行组合或者分解。

综上所述，这一时期的翻译理论是西方翻译史上一个最为重要的发展时期，比文艺复兴时期前进了一大步。

4. 现当代翻译时期

20 世纪的西方翻译史以第二次世界大战为界，战前属于现代翻译时期，战后属于当代翻译时期。但是翻译理论发生了根本性的变化，这一时期现代语言学逐渐诞生和发展，为翻译理论的现代化奠定了基础。因此，翻译理论家注重的是原语和译入语所固有的语言结构的差别，二者存在明显的对应规则。但是这一理论对实际的翻译效果并不明显，因为大多是在表层进行。

（1）现代翻译

20 世纪以后，西方发达国家进入了帝国主义阶段，各个帝国主义国家不断扩张并且相互钩心斗角，在 30 年的时间内引发了两次世界大战。受这种历史背景的影响，翻译事业受到了严重的破坏。但是在某些具体领域与国家，这一时期的翻译呈现了自身的特色，主要有以下四个方面。

一是对于古典作品的翻译，翻译家注重译文的朴实、准确、通顺，而不再强调译作的优雅。无论是英国、法国、德国，还是意大利、俄国、西班牙的翻译家，都打破原有的以诗译诗的传统，提倡将原文译成散文形式，而不是韵文的形式。在这一时期，翻译中流行的做法是运用朴素无华的语言将原作译成散文，使读者不用通过译注就可以看懂文章。

二是翻译的重点集中于对近代、当代文学作品的翻译。由于 19 世纪末到 20 世纪初期，俄国和北欧各国的文学作品迅猛发展，出现了列夫·托尔斯泰、易卜生、契诃夫、安徒生等有名的文学家或者戏剧家。他们的作品引起了西欧、北美各国学者的注意，并对其产生了不同程度的影响。

三是开始频繁地翻译中国作品，出现汉学热潮。此时期的译者不仅翻译著名的典籍，还翻译很多名家的诗文，如《四书》《五经》《西游记》《红楼梦》《三国演义》等典籍被翻译成了西文，同时李白、杜甫等人的诗作也被进行了翻译。著名的翻译家有弗兰茨·库恩、阿瑟·韦利等，他们的译作数量多并且质量很高，有助于将中国文化引入世界舞台上。

四是苏联的翻译是独树一帜的。在这一时期，在翻译理论与实践上出现了一条分明的界限：西欧、北美国家的翻译与苏联的翻译。同时，翻译工作呈现了以下几个特征：翻译理论与实践以马克思主义作为指南；外国文学翻译与出版具有计划性、系统性以及针对性；将原作的思想、艺术以及知识价值表现得淋漓尽致；苏联内部各个民族的互译得到了极大的发展；翻译中遵循的普遍原则是忠实性、准确性、不逐词死译。

（2）当代翻译

20 世纪中期是西方翻译史的当代翻译时期，这一时期是第六次高潮，是西方理论发展的最高峰。这不仅是由于翻译理论研究成果比较多，更主要是因为翻译理论的发展呈现了质的飞跃。

传统翻译学研究基本上都是经验式的、随感的，因此不够系统。但是到了 20 世纪 40 年代末、50 年代初，机器翻译的出现和应用使翻译学者开始从现代语言学的视角来讨论翻译研究问题，这就导致第一个质的飞跃的出现。这一时期的著名翻译理论家有威尔斯、尤金·奈达以及费道罗夫等，他们将翻译研究定位于语言学的范畴，是应用语言学、比较语言学以及语义学的一个分支学科，并且与社会语言学、心理学、哲学、逻辑学、符号学有着密切的关系。

但是这样的定位并没有真正反映出翻译研究的实质，经过之后不断的研究和努力，大多学者达成了一个共识：翻译研究并不应该仅仅被看作语言学的一个分支，而应该是把它作为一门独立的学科，这就导致西方翻译研究的第二次质的飞跃。而到了 20 世纪 80 年代，翻译作为一门独立学科的理论已经逐渐在各个翻译家的著作中呈现。从 20 世纪 80 年代到 21 世纪，出现了各种各样的翻译理论研究思想或者流派，如文化学派、翻译研究派、操纵学派、功能学派、结构学派、多元系统学派等。在翻译理论上形成了庞大的西方翻译理论体系，其中包含众多的翻译理论阐述。例如，雅各布逊将翻译分为语内翻译、语际翻译、符际翻译；费道罗夫认为翻译理论应该首先从语言学方面着手，而翻译理论应该分为翻译史、翻译总论、翻译分论三个部分；弗斯、卡特福德提出语境对等翻译理论；加切奇拉泽认为文艺翻译是一门艺术创作等。

第二次世界大战结束后，伴随着科技的发展；翻译活动也蓬勃发展，翻译研究的传统观念也发生了改变，人们不再将翻译看成文学家、翻译家、哲学家的产品，而是将其看成一门科学、艺术以及一种技巧，是各位专家学者应该探讨的严肃的问题。可见，这一时期翻译理论得到了创新。当代翻译理论也呈现出以下两个特点。

第一，与传统的文学翻译理论不同，当代的翻译研究已经被纳入语言学的范畴，因此会受到信息理论与现代语言学的制约。

第二，打破了之前的闭门状态，各个国家、民族之间的学术开始进行交流，翻译理论家们也会运用各种渠道来充分表达自己的观点。

（二）西方翻译理论的代表人物

以上分析了西方翻译理论的发展历史，下面来探讨为西方翻译理论做出杰出贡献的一些著名翻译家及其翻译理论。

1. 泰特勒的翻译理论

泰特勒是英国著名的翻译理论家。他的《论翻译的原则》一书是西方翻译理论的第一部专著，在西方翻译理论史上影响巨大。在该书中，泰特勒首先指出"优秀的翻译"应该是将原文的优点完整无缺地以另一种语言表达出来，使译文读者对译文理解得如原文读者般清楚透彻，感受也像原文读者一样深切强烈。泰特勒提出了著名的翻译"三原则"。

（1）译本应该完全转写出原文作品的思想。因此，译者必须精通原作与译作两种语言及原文题材，如原文意义不明或有歧义，则译者需要有足够的判断力，不可一味模仿原文。

（2）译文写作风格和方式应该与原文的风格和方式属于同一性质。这就要求译者准确判断和鉴赏原作的风格，并想象原作者如果用译语创作该如何表现自己。

（3）译本应该具有原文所具有的所有流畅和自然。泰特勒认为，译者必须既用原作者的灵魂，又以他自己的发音器官来说话。

最后他强调了"三原则"的重要性，明确指出尽管偏离原作笔调是不可避免的，但无论在什么情况下都不能因笔调而偏离原作的思想。关于译者标准以及习语翻译的问题，泰特勒也提出了自己的看法：译者应该具备类似于原作者的才华，这样才能满足翻译的要求；在翻译过程中译者应避免在译语中采用不合乎原作语言或时代的习语。

泰特勒的翻译理论系统而全面，涉及翻译理论的最基本问题，不仅是英国翻译理论史，而且是整个西方翻译理论史上一座非常重要的里程碑。

2. 奈达的翻译理论

尤金·奈达是著名的语言学家和翻译理论家，是公认的现代翻译理论的奠基人，也是语言学派最重要的代表人物之一。从 1945 年开始，奈达共发表 250 多篇文章，著述 40 多部，其著述数量之多，质量水平之高，论述之详尽，系统之完备，在西方翻译理论史上都是空前的。他的代表性专著有：《翻译科学探索》（1964）、《翻译理论与实践》（1969，合著）、《语言结构与翻译》（1975）、《从一种语言到另一种语言》（1986，合著）以及《语言与文化：翻译中的语境》（2001）等。奈达对翻译理论的贡献集中体现在以下几个方面。

（1）第一个提出"翻译的科学"这一概念，是"翻译科学说"的倡导者。正因为如此，翻译语言学派也被称为翻译科学派。奈达对翻译进行"科学"研究的标志是 1947 年发表的《论〈圣经〉翻译的原则和程序》。

（2）奈达从社会符号学出发，论述了语言符号的相互依存性及对比意义，把符号的意义分解为"当下""分析"和"综合"三个层次，具有极强的操作性。

（3）奈达在语言学研究的基础上，把信息论应用于翻译研究，认为翻译即交际，某种译文如果不能起到交际的作用，就是无用的译文。因此，译文接受者和译文信息之间的关系，应该与原文接受者和原文信息之间的关系基本相同，在此基础上奈达创立了翻译研究的交际学派。

（4）奈达最有影响力的贡献是提出了著名的"功能对等"（又称"动态对等"）理论。所谓"功能对等"，就是说翻译时不求文字表面的死板对应，而要在两种语言间达成功能上的对等。"对等"包括词汇对等、句法对等、篇章对等与文体对等。其中，意义是最重要的，形式其次。功能对等是奈达翻译理论的核心思想，在西方翻译理论发展史上占据了重要的地位。

3. 雅各布逊的翻译理论

美国著名语言学家雅各布逊是布拉格学派的创始人之一，他对翻译理论的贡献主要体现在其 1959 年发表的文章《论翻译的语言学问题》中。这篇文章第一次将语言学、符号学引进了翻译学，并从语言学的角度详尽地分析和论述了语言和翻译的关系、翻译的重要性以及翻译中存在的问题。自发表后，此文一直被西方理论界奉为翻译研究的经典之一。雅各布逊将翻译分为三个类别。

（1）语内翻译。所谓语内翻译，是指在同一语言内用一些语言符号去解释另一些语言符号，即通常所说的"改变说法"（rewording）。

（2）语际翻译。所谓语际翻译，是指在两种语言之间用一种语言的符号去解释另一种语言的符号，即严格意义上的翻译。

（3）符际翻译。所谓符际翻译，是指用非语言符号系统解释语言符号，或用语言符号解释非语言符号，如把旗语或手势语变成言语表达。

雅各布逊的这种分类方式准确概括了翻译的本质，在译学界影响深远。此外，雅各布逊还提出了许多有价值的论述，如语法范畴是翻译中最复杂的问题；如果语言中出现词汇不足，可通过借词、造词或释义等方法对语言进行处理；准确的翻译取决于信息对称。这些观点给翻译研究提供了超越词汇、句子以外的语境模式，探讨了翻译中语言的意义、等值、可译性和不可译性等翻译理论和实践中的根本问题。

4. 卡特福德的翻译理论

卡特福德是伦敦学派的代表人物之一。他在《翻译的语言学理论》一书中从现代语言学视角诠释翻译问题，探讨了翻译的定义和基本类型、翻译等值、形式对应、意义和完全翻译、转换、翻译等值的条件、语法翻译和词汇翻译、翻译转换或翻译转位、翻译中的语言变体以及可译限度等内容。这本著作被视为翻译理论发展的里程碑，他也因此书而被世界各地翻译界的读者认识。卡特福德关于翻译的论述主要包括以下几个方面的内容。

（1）卡特福德把翻译理论看成应用语言学的一个分支，因此他将翻译定义为：一种语言（SL）的语篇成分由另一语言（TL）中等值的成分来代替。换句话说，翻译这个词本身就是指把一种语言转换成另一种语言的过程。

（2）卡特福德独创了"转换"这一术语，并将"转换"区分为"层次转换"和"范畴转换"两种形式。

（3）卡特福德依不同的标准对翻译进行了分类。以翻译的层次为标准，翻译可分为完整翻译和有限翻译；以语言的级阶为标准，翻译可分为逐词翻译、直译和意译。

卡特福德摆脱了传统印象式的翻译研究方法，详尽分析了翻译等值的本质和条件，对语言转换的规律进行了科学的阐述，是20世纪少有的具有原创性特点的翻译理论家。

5. 彼得·纽马克的翻译理论

彼得·纽马克是英国著名的翻译理论家和翻译教育家。在奈达、卡特福德等人翻译思想的启迪下，他将跨文化交际理论和现代语言学的研究成果（如格语法、功能语法、符号学和交际理论等）运用到翻译研究中，在许多翻译理论问题上形成了自己独到的见解和认识。《翻译问题探索》（1981）、《翻译教程》（1988）、《翻译论》（1991）和《翻译短评》（1993）是纽马克的主要代表作。在《翻译问题探索》中，纽马克提出了以下两个重要概念。

（1）语义翻译。所谓"语义翻译"，是指译者只在目的语句法和语义的限制内试图再现原作者的语境意义。

（2）交际翻译。所谓"交际翻译"，是指尽可能地在目的语中再现原文读者所感受到的同样效果。

语义翻译和交际翻译的区别在于：后者产生的效果力求接近原文文本，前者则在目标语结构许可的情况下尽可能准确再现原文意义和语境。但语义翻译和交际翻译并非水火不容，在同一篇作品中有的部分须采用语义翻译，有的部分须采用交际翻译，二者相辅相成，互为补充。正如纽马克所说，针对不同的文本类型应当采用不同的翻译方法。总之，语义翻译法和交际翻译法是纽马克翻译理论的核心所在，也是其翻译理论中最主要、最有特色的组成部分。

1991年，针对原有理论中的不足，纽马克又提出了一个新的翻译概念，并于1994年将其正式定义为"关联翻译法"，原作或译出语文本的语言越重要，就越要紧贴原文翻译。这标志着他的翻译理论渐趋系统和完善。此外，纽马克将文本功能分为表情功能、信息功能、呼唤功能、审美功能、寒暄功能、元语言功能六种，进一步完善了文本的功能分析。

二、中国翻译理论

（一）近代科技与文学翻译理论

近代科技与文学翻译理论阶段主要指的是鸦片战争至五四运动期间所形成的翻译见解，侧重西学是这一翻译时期的鲜明特征。相关学者认为，该时期是我国翻译理论自成体系的开创时期。

1. 鸦片战争时期的经世致用理论

鸦片战争时期是中国遭受西方列强入侵的屈辱时代，由此引起了中国有志之士思想上的改变，即要奋发救国。下面来看这一时期的时代背景与翻译理论的代表人物。

（1）时代背景

18至19世纪的西方资本主义国家在经历了英国资产阶级革命之后迅速崛

起，但中国当时处于清王朝的封建统治下完全不思进取。在受到西方列强的入侵后，国内有志之士提出了经世致用的思想理论。经世致用思想理论首先发端于儒学，是其传统思想，要求人们在遵循儒学信条的前提下致力于解决当时社会中的重大问题。这一思潮的到来，标志着我国传统文化在面临挑战时的自我更新，由此导致大量中国人开始打开思路、解放思想，迈出国门向西方人学习，而在学习的过程中必然离不开翻译这一重要的媒介。

（2）代表人物

该时期的代表人物是林则徐。作为著名的禁烟英雄，他提出了"师夷长技以制夷"的思想，因为其组织人翻译西方著作而被认为是"组织翻译活动的先驱"。虽然林则徐自己并没有提出任何著名的翻译理论，但其对中国翻译事业的发展起到了不容忽视的作用。在他的带领下，翻译的西方著作包括《四洲志》《滑达尔各国律例》《华事夷言》等，是中国近代最早出现的外国文献。

2. 洋务运动时期的科学实用理论

为了救国家于水火中，很多著名人士翻译了西方大量的实用科学书籍，从而帮助国家抵御国外列强的入侵。下面来看一时期的时代背景和代表人物。

（1）时代背景

在中国的两次鸦片战争后，人们越发认识到中国的落后，西方的强大，为了奋发图强，中国一些具备时代眼光的官绅开始兴办近代企业，如曾国藩、左宗棠、李鸿章等，这就是历史上著名的"洋务运动"。在这一时期，洋务运动不仅开创了国内工业企业化的先河，而且大力传播了西方先进的科学、技术，有效促进了国内教育、科技、文化思想的发展，更为重要的是促进了翻译出版活动的兴盛。

（2）代表人物

在洋务运动时期，翻译领域的代表人物有徐寿。徐寿是我国著名的化学家、科技翻译学家，其翻译的代表作品有《化学术数》《化学考质》《化学鉴原》等，是化学元素中文名称的首创者。在对科技著作翻译的过程中，徐寿提出了"译名七原则"，内容如下所述。

最好直译而不是意译。

如果不能意译，最好能够音译，而且要使用官话音译。

新的术语要与汉语原有的话语形式建构一致。

译名简练，避免啰唆。

译名要给予准确的定义。

译名在任何情况下都要与原意一致，不可相互矛盾。

译名要具有灵活性。

总之，在这一时期的翻译学家们对翻译理论的最大贡献是统一了科学术语的汉语形式。

3. 戊戌变法时期的译书维新理论

戊戌变法时期，大量具有世界眼光的人士加快了引进西学的步伐，力图帮助中国变得强大。下面来看这一时期的时代背景与代表人物。

（1）时代背景

甲午中日战争以清政府的失败告终，最后签订了丧权辱国的《马关条约》，这再次激发了爱国人士的救国救民之情。以康有为、梁启超为代表的维新派登上政治舞台，他们提出"维新、变法以图强"的思想，呼吁加快变法的步伐，将理论付诸行动和实践。在这一过程中，梁启超提倡广译书、辑新书的观点，大力倡导翻译实践活动。

（2）代表人物

这一时期的代表人物有严复、梁启超。

严复曾担任过京师大学堂译局总办等职，是清末著名的资产阶级启蒙思想家、翻译家和教育家，被尊称为中国近代翻译理论和实践的第一人。其主要译著有：西方资产阶级学术名著《天演论》、约翰·穆勒的《群己权界说》和《穆勒名学》、亚当·斯密的《原富》、斯宾塞的《群学肄言》、孟德斯鸠的《法意》、甄克斯的《社会通诠》和耶方斯的《名学浅说》等西方名著，其译著总共达160多万字。

严复对中国翻译理论的发展做出了巨大贡献。他吸收和运用我国古代佛经翻译思想和理论精髓，并结合自己丰富的实践经验，在《天演论》卷首的"译例言"中提出了著名的翻译标准——信、达、雅。总之，严复的"信、达、雅"翻译理论不仅言简意赅，而且意义重大、影响深远，是中国传统翻译理论的纲领和精髓。

梁启超是我国近代史上著名的政治家、思想家和文学家。虽然他翻译的著作不多，但在翻译评论和翻译史研究方面却做出了重大贡献，具体可以概括为以下几点。

首先，梁启超对翻译的对象进行了概括。在他看来，翻译是强国之道，是推行维新变法的有力工具。因此，翻译应当以译"西国章程之书"为第一要义，此外"学校之教科书""政法之书""西国史书"等的翻译也很重要。

其次，梁启超大力提倡西洋小说的翻译。1897年，年仅25岁的梁启超在《变法通议·论幼学》《蒙学报演义报合叙》等文中提出把小说作为学校教育的必修课。他的小说翻译理论把文学思潮、政治运动和社会进步结合起来，有力地推动了晚清小说翻译事业的繁荣。

再次，1897年梁启超在其长篇巨著《变法通议》的第七章（论译书）中，指出了译书的两个弊端，"一曰徇华文而失西义，二曰徇西文而梗华读"，即一是由于遵循汉语的表达习惯而失去了原文的文化内涵等，二是由于遵循英语的表达习惯而造成汉语译文的晦涩难懂。因此，好的翻译应当使读者彻底明白原文的意思。另外，译者的学识专业必须和原作者接近，这样才能翻译出质量上乘的作品。

最后，梁启超对佛经翻译及明清之际的科技翻译均进行过卓有成效的研究，他编写的《佛教之初输入》《中国佛教史》《翻译文学与佛典》等书籍，对于研究和总结我国的佛经翻译理论都起到了承前启后的重要作用，极大地促进了对我国翻译理论史的研究。

4. 辛亥革命时期的西学输入理论

在辛亥革命的影响下，中国新一代翻译人才逐步成长，已经成为传播西学思想的主力军。下面来看这一时期的时代背景与代表人物。

（1）时代背景

在这一时期，一批受到过西方资产阶级革命影响的新型知识分子成为翻译西方学术思想的主导力量，此时的中国人已经掌握了西学东渐的主动权。这些新型知识分子受到过完整的近代科学、文化方面的教育，具有新的知识结构、较高的外语水平，在科学翻译工作过程中可以独当一面。可见，与之前的翻译学家相比较而言，这些新型知识分子不论在思想水平、语言表达、文化素质等方面都要超过他们的前辈。正是由于这一群人的努力，人们可以更好地输入西方的民主意识、科学思想。

（2）代表人物

该时期的代表人物为林纾。作为中国近代翻译史上的翻译大师，林纾是中国文学翻译事业的先行者和奠基人，被公认为中国近代文学翻译的开山鼻祖。林纾和朋友共同翻译了十几个国家的几十位作家的作品，被誉为"译界之王"。尽管其译文难免出现一些错误，但这并不影响他对中国翻译事业做出的贡献。林纾的翻译思想主要体现在以下几个方面。

第一，翻译不易。林纾认为，翻译书籍需抱有严谨、审慎的态度，要想翻译出好的作品，译者必须了解原文所引用的历史典故、风俗文化、古籍旧说等知识，同时还需了解原语和目的语之间的异同，在传递原语文化的同时使译文符合目的语的表达习惯，这样才能达到理想的翻译效果。

第二，译文要忠实于原著。林纾在《黑奴吁天录》的"例言"中指出，"是书为美人著。美人信教至笃，语多以教为宗。顾译者非教中人，特不能不为传述，识者谅之"，意思是：本书原作者是一位美国作家，美国人大多深信基督教，因此书中语言很多都体现了基督教教义，但由于译者并不信仰基督教，因此照搬原文内容而不予翻译，望读者原谅。林纾认为，译者在翻译外国作品时难免会对书中的内容产生异议，但翻译时仍需忠实于原文，将原文的特征、思想表现出来。

第三，译名统一。林纾在《中华大字典》的序言中阐述其对译名统一问题的看法，汉语中一个字只有一个含义，只有将一个一个汉字联合起来才能成文。因此，在翻译英文时，往往需要耗费大量汉字，再加上由于没有一定的名词，常会和英文原作相左。对此，林纾提出"由政府设局，制新名词，择其醇雅可与外国名词相通者，加以界说，以惠学者"。尽管这个提议并未被当局采纳，但却是他对中国翻译的另一个重要贡献。

5. 新文化运动时期的民主科学理论

从五四运动到中华人民共和国成立，我国的翻译理论进入了崭新的时期，即现代翻译研究阶段。此时的翻译活动已经非常频繁，所以人们对翻译的讨论也更为普遍。这一时期，新文化运动开创了白话文翻译的阶段，而马克思、列宁主义的共产主义思想以及无产阶级理念也开始被翻译到了中国。《共产党宣言》就是在这一时期发表的。同时，这一时期的翻译在内容和形式上都有了很大变化。

（1）时代背景

五四新文学时期的翻译事业出现了百花齐放、百家争鸣的新局面。轰轰烈烈的文学革命，特别是蓬勃发展的白话文运动，推动了翻译的彻底革命，也促使了传统翻译思想的改变。

一是关于直译与意译方法的讨论。这是白话文运动争论的第一个问题，并且主要集中在三种观点上：直译宜用白话文，意译用文言；直译意译皆用白话；直译意译无关白话文言。但是最终由于翻译界大量翻译的都是外国文学作品，所以采用直译的情况比较多。

二是关于信与顺两个标准的讨论。在争论这一问题时，翻译家们主要关注四个问题：信与顺的问题、直译与意译的问题、欧化和归化的问题、重译问题。通过论战，翻译家们在很多方面达成了共识，使信、达、雅为核心的传统翻译理论经受住了考验，从而继承和发展了中国传统的翻译思想。

（2）代表人物

这一时期的翻译代表人物众多，下面进行详述。

第一位，郭大力。在十月革命之后，一大批青年远赴苏联留学，也有不少成了传播马克思学说的著名翻译家。比较典型的就是，马克思和恩格斯合著的《共产党宣言》在 20 世纪传入中国，并对 1921 年中国共产党的成立产生了重大影响。这一时期，翻译家郭大力对我国翻译事业的发展做出了较大贡献。郭大力的翻译思想和翻译态度都非常严谨。他在《资本论》译者跋中写道："我们根据的版本，是马恩研究院校正过的德文本。我们所加的若干附注，大都是根据这个版本实行的。……此外，我们还参照了两种英文译本和两种日文译本，不过当中只有一种英译本和一种日译本是完全的。在格式方面，我们尽量保持原版的特色。在行文方面，我们尽量使其流畅，但当然，每一个地方，我们都顾虑到了，要使它的文句，不至于弄差它的意义。"

1940 年春，郭大力开始翻译《资本论》的第四卷，历时 4 年，最后完成了这本 120 万字著作的翻译，为了使其更加完善，又花费了 5 年时间做修改工作。随着我国社会主义经济建设的不断发展，全国掀起了学习马克思经济的思潮，为了做到整个译文翻译无误、尽善尽美，他又对其进行了全面的校改。郭大力先生花费了一生来完成这部著作的翻译工作，对翻译理论的发展起到了不可磨灭的作用。

第二位，鲁迅。鲁迅是中国伟大的文学家、思想家、革命家，也是一位杰出的文学翻译家。他一生共翻译了 14 个国家 100 多位作家的 200 多种作品，印成了 33 种单行本，共计 300 余万字。主要译著有：日本片上伸所作的《无产阶级文学的理论与实际》，苏联法捷耶夫的《毁灭》，卢那卡尔斯基的《艺术论》《文艺与批评》，普列汉诺夫的《艺术论》《苏联的文艺政策》《一天的工作》等。他继承和发展了中国传统翻译理论和翻译思想，是中国译论的奠基人。鲁迅发表了大量论述翻译理论和翻译思想的文章，阐发了一系列非常精湛的研究和论述，在当时的翻译界影响极大。鲁迅的翻译思想体现在以下几个方面。

其一，"重译"与"复译"的观点。晚清时期很多学者乱译、硬译的不良译风严重影响了中国读者对原作的认识。因此，鲁迅提出要改变这种情况，需要对那些已有翻译版本的原作进行翻译。这一思想对我国翻译事业的健康发展做出了不可磨灭的贡献。

其二，"以直译为主，以意译为辅"的翻译原则。针对晚清以来翻译多随意删减、颠倒、附益的不良风气，鲁迅明确提出"直译"的主张。需要指出的是，鲁迅所提倡的"直译"并非"死译"，也不是"逐字翻译"，而是既保存原文全部的思想内容，又要尽量保留原文的语言形式、风格等。

其三，"以信为主，以顺为辅"的翻译原则。鲁迅认为翻译应做到两个字："信"和"顺"，并认为"信"是翻译工作中最重要的，译者应在保证"信"的同时尽量使译文流畅通顺。

其四，翻译批评的观点。针对当时翻译界的混乱情况，鲁迅力矫时弊，提出了翻译批评的观点。他不仅指出了以前的翻译批评的不当之处，还对翻译批评该如何开展提出了很多独到的见解，为后来翻译批评的正确发展起到了促进作用。此外，鲁迅还提出"翻译应与创作并重"的思想，是我国翻译史上提倡翻译与创作并重思想的第一人。

第三位，郭沫若。郭沫若是中国现代著名的诗人、文学家、戏剧家以及翻译家，其翻译思想主要表现在以下几个方面。

首先，"风韵译"理论。郭沫若（1920）在为田汉译《歌德诗中所表现的思想》一文的《附白》中指出，"诗的生命，全在它那种不可把握之风韵，所以我想译诗的手腕于直译、意译之外，当得有种'风韵译'"。"风韵译"理论不赞同移植或逐字逐句地翻译，而是强调"以诗译诗"，认为翻译的过程是两种文化融合的过程，不仅仅是两种语言的转换，更是译者对原文审美风格的再创造。

其次，生活体验论。对于译者的素质，郭沫若认为，主体性、责任心是译者必须具备的。他认为翻译工作要求译者具有正确的出发点和高度的责任感，一方面要慎重选择作品，另一方面还要以严肃的态度进行翻译。除了责任心以外，郭沫若认为，译者主观感情的投入对翻译工作也十分重要。翻译之前，译者首先要深入了解原文作家和作品，只有这样才能更深刻地了解原文和作者的思想。郭沫若曾说自己在翻译别人的作品时常常和原作者"合而为一"，使自己变成作者，融入作品中，体会原作的情感与内涵。这种"合而为一"的翻译思想对翻译理论的发展同样做出了重要的贡献。

最后，好的翻译等于创作。郭沫若早期在文章《论诗三札》中曾将原作比作处子，翻译看作媒婆，认为翻译是一种附属事业，贬低了翻译的作用。而随着文学思想的转变，郭沫若端正了对翻译的态度，认识到了翻译的重要作用，并指出好的翻译等于创作，甚至可以超过创作。翻译有时比创作还困难。因为，创作需要一定的生活体验，而翻译却需要体验别人体验的生活。另外，翻译要求译者不仅要有深厚的英文功底，还要有扎实的汉语功底。由此可见，翻译其实并不比创作容易。

翻译不是一个简单的工作，而是一种需要创造力的艺术。好的翻译和创作无异，甚至会超过创作。而郭沫若本人在翻译过程中无不关注原作的艺术风格以及精神思想，并将其融入笔端，进行艺术的再创作。只有这样的创造性翻译，才能是真正高质量的翻译。

第四位，林语堂。林语堂是我国著名的学者、文学家和语言学家，他对于翻译的精辟见解和独到认识是对中国传统翻译思想的丰富和发展。他写过很多关于翻译理论的文章，其中最系统、最著名的译论是《论翻译》。林语堂的翻译思想主要表现在以下几个方面。

首先，提出了"翻译是一种艺术"的思想，并进一步提出翻译艺术应该信赖的原则有三条：译者对原文文字及内容的透彻了解；译者的国文程度能帮助其顺畅地表达；译者对于翻译标准有正当的见解。除这三点以外，再无其他纪律可为译者的规范，而这三条也是林语堂对翻译原则的看法。

其次，提出了翻译的三条标准，具体内容如下所述。

忠实。忠实标准有"非字译""须传神""非绝对""须通顺"四项意义，分"直译""死译""意译"和"胡译"四个等级。

通顺。通顺标准以心理学为依据，要求译者采取句译的翻译方法和目的语读者能够接受的译语行文习惯进行表达。

美。美的标准要求译者把翻译当成一种艺术。在着手翻译之前，首先必须深刻理解原文的风度神韵，然后在翻译中将此风度神韵充分展现在译文中，这样才算完成了对待翻译如艺术一般的任务。

最后，坚决反对"字译"，提倡"句译"，因为字义会随"上下文连贯融合"而发生变化。这是我国较早明确提出"上下文"的翻译思想。

第五位，茅盾。茅盾是中国现代著名小说家、文学评论家、文化活动家。他所倡导的是"神韵"与"形貌"辩证统一的文学翻译批评理论，这对中国的文学翻译批评产生了极大的影响。前面提到，晚清时期严复提出了"信、达、雅"的翻译标准，是中国对中国传统翻译批评影响深远的一种模式，也可以说是晚清文学翻译批评的标准模式。但在实践中，译者与翻译批评者之间互动不够，翻译批评难以真正起到指导翻译活动的作用。而随着五四运动的兴起，中西文化的碰撞为文学翻译以及文学翻译批评注入了新的活力。

茅盾在大量翻译外国文学作品的同时，也十分注重中国古代文论中的精华。对于当时文学翻译批评界争论不下的"直译"和"意译"问题，茅盾提出了符合中国传统文化思想的文学翻译批评主张，即"形貌"和"神韵"相结合的辩证统一的翻译批评理论。

对于直译和意译，茅盾曾提出，由于英汉文字不同，对所有文本一律采取直译法很难。译者往往照顾了语言的形式就会导致神韵不足，而照顾了神韵会导致语言形式和原文不同，即"形貌"与"神韵"无法同时保留。尽管如此，"形貌"与"神韵"却又是相辅相成的，"单字""句调"不仅构成了语言的"形貌"，同时也构成了语篇的"神韵"。

茅盾通过中国文论中的"形貌""神韵""单字""句调"概念打破了晚清以来文学翻译批评的限制，他所倡导的"形貌"与"神韵"的辩证统一的翻译批评理论也是对当时争论已久的"直译"和"意译"问题的一个最佳解决办法与完善，这使得中国的翻译批评摆脱了传统束缚，产生了新的生机，极大地促进了中国传统文学翻译批评向现代文学翻译批评转换。

第六位，傅雷。傅雷是中国著名的文学翻译家、文艺评论家。其翻译思想主要表现在以下几个方面。

首先，翻译中的"传神达意"。傅雷曾说，领悟原文是一回事，而将原文含义用汉语表达出来又是另外一回事。他认为翻译时要做到"传神达意"必须做到以下四点。

其一，中文写作。傅雷认为，好的译文要给人一种原作者在用汉语写作的感觉。这样原文的精神、意义以及译文的完整性和流畅性都得以保全，也不会产生以辞害意，或以意害辞的问题。

其二，反复修改。傅雷对待翻译的态度极其严肃，并以"文章千古事，得失寸心知"为座右铭。他指出，好的翻译离不开反复的锤炼和修改，做文字工作不能只想着一劳永逸，而应该不断地推敲、完善。

其三，重视译文的附属部分。所谓译文的附属部分，即注解、索引、后记、译文序等内容，这些都对译文能否"传神达意"有着重大影响，妥善处理这些内容有助于读者更好地理解原文的形式和内容。

其四，翻译中的"神形和谐"。傅雷认为，翻译要像临画，重点求神似，形似在次。他将中国古典美学理论运用于翻译中，用绘画中的"形神论"的观点来对待翻译。傅雷指出，要做到传神达意，仅仅按照原文句法拼凑堆砌是不行的，更重要的是要和原文神似。然而，这并不是说译者可以抛弃原文的形式，而是要在和原文神似的基础上追求形似，不能求形而忘神。神和形是语篇的两个方面，二者紧密联系。神依附于形而存在，神又是形的根本意图。因此，二者是一个和谐的整体，其各自的轻重，无法简单地用三七开进行衡量。

形与神的和谐需要译者的创造。傅雷认为，翻译的标准应该是假设译文是原作者用汉语撰写的，并提倡译文必须使用纯粹的、规范的中文，不能声音拗口。另外，为了再现原文的生动内容，体现出时空、语境的差异，傅雷还指出，译者必须杂糅各地方言，也可以使用一些旧小说套语和文言。然而，使用方言、旧小说套语和文言的关键在于适当调和各成分在语篇中的作用，避免导致译文风格支离破碎。傅雷这种将方言、行话、文言和旧小说套语等融入白话文中，从而竭尽所能地转达原文"神韵"的做法，不能不说是一个创造性之举。

第七位，钱钟书。钱钟书通晓五种文字，学贯古今中西，是我国著名的作家、文学研究家。他于 1979 年出版近百万字的学术专著《管锥编》，其中引用的大量用以比较的外国名著和文艺论外文原文，均由他本人做了精湛的翻译。钱钟书有关翻译的文章主要有《林纾的翻译》《汉译第一首英语诗〈人生颂〉及有关二三事》《译事三难》《翻译术开宗明义》《译音字望文穿凿》等。

钱钟书在《林纾的翻译》一文中提出了"化境说"。他认为文学翻译的最高理想可以说是"化"，即"把作品从一国文字转换成另一国文字，既能不因语文习惯的差异而露出生硬牵强的痕迹，又能完全保存原作的风味，那就算得入于'化境'"。具体来说，"化"包括三个方面：转化，即将一国文字转换成另一国文字。归化，即能用汉语将外国文字准确、流畅、原汁原味地表现出来，读起来不像是译本，倒像是原作。化境，即原作的"投胎转世"，虽然语言表现变了，但精神姿致如故。另外，"化"还需注意两个问题：翻译时不能因为语言表达的差异而表现出生硬、牵强之感，否则须得"化"之；"化"的时候不能随便去"化"，不能将原文文本中有的东西"化"没了，即虽然换了一个躯壳，译文仍要保留原文的风味、韵味。钱钟书的"化境说"将翻译引入文艺美学范畴，推动了中国传统翻译思想的发展。

第二章　英译汉常用的翻译方法和技巧

所谓"翻译技巧"就是对语言差异的"灵巧"处理。若源语和目标语差异较大，译文要获得理想的传播效果，就必须讲究表达的技巧和方法。实际上，翻译的技巧就是变通的技巧，是译者熟练而巧妙地运用各种翻译手法，完美地表达原文思想内容的技能。

从心理学范畴来说，技能是在个体身上固定下来的自动化的行动方式，是通过练习获得的能够完成一定任务的动作系统。它以长期反复"操作训练"的方式为人所掌握，是后天可以获得的东西。英汉翻译技巧是翻译工作者在长期的英汉翻译实践中总结出来的在英语原文和汉语译文之间实现信息传递的一系列方法和手段的概括。在英汉翻译过程中灵活运用各种翻译技巧有助于完整、准确地传递原文信息，并能使译文更加优美。每种翻译技巧都有其存在的语言学基础，对技巧的深入了解可以帮助译者在类似情况下触类旁通，更灵活地使用技巧，甚至打开思路，创造出新的方法。

第一节　增译法

翻译的一个基本原则是译者不能随意增减原文信息。但由于英汉语言的思维方式、语言文字结构及表达习惯的差异，在翻译过程中有时需要补充某些必要的词来衔接语义，增补可能出现的语义空缺，使译文更明确，并合乎汉语的表达习惯，以达到和原文相似的表达效果。增译可以把原文中隐含的内容，尤其是一些与原文背景相关的信息，用明显的语言形式表达出来，但并没增加意义，而是增加信息的凸显度。增译的原则是不能无中生有地随意增加语言单位，只是增加原文中虽无其形但有其意的一些语言单位。为使译文更加通顺达意，所增补的语言单位在修辞、结构或语义上是必不可少的，增补后应无画蛇添足之感。

一、增加原文省略的词语

英语中有些词在结构或语义上可以省略而不影响意义的完整表达，但译成汉语后意义可能含糊不清。为使译文能明确表达原文，翻译时需要添加被省略了的词。

例 2—1：She came to her work once a week—sweeping, scrubbing and cleaning.

译文：她每周来干一次活——扫地，擦地板，收拾房间。

分析：译文根据汉语的表达习惯在动词后增加了常搭配的宾语。

例 2—2：We won't give up; we never have and never will.

译文：我们不会放弃，我们从没放弃过，将来也绝不会放弃。

例 2—3：Matter can be changed into energy, and energy into matter.

译文：物质可以转化成能量，能量也可以转化成物质。

分析：例 2—2 和例 2—3 的译文都增加了原文在结构上省略的成分。

二、增加必要的连接词

英汉句法结构不同。英语往往在主句的基础上通过分词短语、不定式短语、介词短语等附加成分表示"时间、原因、条件、让步"等状语意义，还有一些无连接词的并列句，只用一定的标点符号隔开。翻译成汉语时必须根据其所暗含的意义、关系增加相应的关联词语。

例 2—4：Heated , solids will change into liquids.

译文：固体如果加热，就会变成液体。

分析：原文是—ed 分词作条件状语，译文中增加了表示条件的连词。

例 2—5：He made many mistakes, bad ones.

译文：他犯了很多错误，而且是很糟糕的错误。

分析：译文增加了承上启下的连词。

例 2—6：Dark surfaces absorb heat; shining surfaces reflect it.

译文：黑暗的表面吸收热，而发光的表面反射热。

分析：原文前后为并列分句，意思上构成对比，译文增加"而"，凸显两者间的对比关系。

三、增加表达复数概念的词

英译汉时，有些情况下名词复数不译出来会引起误解，或有强调数量的必要，或根据汉语的表达习惯需要说明数量关系，此时在译文中需要增加表示数量关系的词语予以明确。

例 2—7：Note that the words "velocity" and "speed" require explanation.

译文：请注意，"速度"和"速率"这两个词需要解释。

分析：译文增加了数量词"两个"，使语气更完整，表达更清晰。

例 2—8：In spite of difficulties, he succeeded in finishing the task as scheduled.

译文：尽管困难重重，他如期成功地完成了任务。

分析：汉语中常用叠字来表达英语的复数概念。

例 2—9：You must know the functions of the equipment before you buy it.

译文：购买前，你必须弄清这种设备的各种功能。

分析：译文中增加了表达概数的词。

四、增加表达时间概念的词

英语有各种时态，而汉语没有这一特点。因此，要在汉语译文中体现动作发生的时间，就需要增加时间状语。

例 2—10：I had never thought I'd be happy to find myself considered unimportant. But this time I was.

译文：以往我从来没想过，当我发现人们认为我无足轻重时，我会感到高兴。但这次情况确实如此。

分析：译文中增加了"以往""过"，强调过去的状态。

例 2—11：In college we can learn what we didn't know in middle school.

译文：在大学我们能学到我们在中学原本不懂的东西。

例 2—12：The old man said，"They say his father was a fisherman. Maybe he was as poor as we are."

译文：老人说："听人说，从前他爸爸是个打鱼的。他过去也许和我们现在一样穷。"

分析：例 2—11、例 2—12 通过增加表达时间概念的词"原本""从前""过去"和"现在"强调时间上的对比。

第二节 省译法

增加和省略是一对相互排斥的概念，但在翻译中可以互为补充，相辅相成。原文有所省略，译文就应当有所增补；若原文太过繁复，译文就应当有所取舍。与增译法不能随意增加原文信息的原则相对应，运用省译法的前提是保证原文语义完整、信息准确。汉语以"意合"为特征，英译汉时，如果将原文中必不可少的词语和结构逐一翻译出来，有时会不符合汉语表达习惯或使译文显得累赘，因此在翻译的过程中要将一些原文需要而译文中却是多余的词语或结构加以省略。

一、语法性省略

英语中有些词大多是因为语法需要而出现，而汉语中并不需要这些词，可以在译文中省略不译。这些词主要包括代词、冠词、介词、连词，有时动词也可以省略。

（一）代词的省略

一般说来，代词在英语中的使用要多于汉语。英译汉时，为了符合汉语的表达习惯，很多代词可以省略不译。

例 2—13：If you drive a car, you must wear your seat belt.

译文：如果你开车，就必须系安全带。

例 2—14：He put his hands into his pockets and then shook his head.

译文：他把双手插进口袋，然后摇了摇头。

例 2—15：We live and learn.

译文：活到老，学到老。

分析：上述三个例句在译文中分别省略了人称代词 you，物主代词 your 和 his，以及表泛指的人称代词 we。

（二）冠词的省略

汉语中没有冠词，英译汉时冠词往往可以省略。

例 2—16：The sun was slowly rising above the sea.

译文：太阳慢慢从海上升起。

例 2—17：The parties to a contract are the individuals or groups con-
cerned.

译文：签署合同的几方是相关的个人或团体。

例 2—18：Water changes from a liquid to a solid when it freezes.

译文：水结冰时从液体变成固体。

分析：例 2—16、例 2—17 和例 2—18 中的冠词或表示独一无二的事物，
或表示类别，均可省略不译。但是带有明显指示意义的定冠词 the 和带有明显
的表示"一个""种"等意思的不定冠词 a（an）不可省略。

例 2—19：The old man left without saying a word.

译文：那个老人一句话不说就走了。

分析：the 表特指，a 指"一"，译文中不可省略。

例 2—20：The taxi driver gets a dollar a mile.

译文：计程车司机每开一英里就赚一块钱。

分析：the 表类别，译文中省略不译；两个 a 都指"一"，不能省译。

例 2—21：Those girls are almost of an age.

译文：这些姑娘几乎都是同岁的。

分析：an 指"一"，不可省略。

（三）介词的省略

汉语简洁明了，对介词的运用不如英语那么频繁。英译汉时，表示时间、
地点的介词，尤其是时间、地点在译文中置于句首时，大都可以省略。

例 2—22：Smoking is not allowed in the storehouse.

译文：仓库重地，禁止吸烟。

例 2—23：In London in 1953 smog caused some 2，000 deaths.

译文：1953 年伦敦有 2000 人左右死于烟雾。

例 2—24：Now complaints are heard in all parts of the province.

译文：该省各地目前怨声载道。

表示地点的介词如果置于动词之后，在译文中一般不能省略。

例 2—25：Her daughter-in-law stood by the dining table.

译文：她儿媳妇站在饭桌旁。

例 2—26：The naughty kid hid behind the door.

译文：那个淘气的小孩躲在门背后。

例 2—27：My jobless uncle stays in my grandparents' house.

译文：我失业的叔叔住在我爷爷奶奶家。

（四）连词的省略

汉语重意合。如果将很多形式上必不可少的英语连接词都翻译出来反而会使译文显得累赘，因此需要省略某些连接词。

例 2—28：If winter comes，can spring be far behind?

译文：冬天来了，春天还会远吗?

例 2—29：He looked nervous and troubled.

译文：他看上去有些紧张不安。

例 2—30：Screams rang out as he jumped to slam the kitchen door.

译文：他跳起来把通向厨房的门紧紧地关上，屋里响起了阵阵尖叫声。

分析：例 2—28 省略了表示条件的连接词；例 2—29 省略了表示并列的连接词；例 2—30 省略了表示时间的连接词。

（五）动词的省略

英语注重语言形式，句子中必须有谓语动词；而汉语是一种意合连接的语言，语法结构不如英语那么严格。英译汉过程中谓语动词有时省略不译往往更符合汉语的表达习惯。这些能够省略的动词主要是一些连系动词和一些与具有动词含义的名词搭配使用的动词。

例 2—31：The new machine will prove useful to humankind.

译文：这个新机器会对人类有用。

例 2—32：She had uncombed hair，dirty dress，and only 50 cents in her handbag.

译文：她头发凌乱，裙子肮脏，手提包里只有 50 美分。

例 2—33：Delivery must be effected as scheduled.

译文：必须在规定的时间内交货。

分析：前两个例句中的动词都是连系动词，例 2—33 中的动词与含有动词含义的名词 delivery（传送、投递）搭配，都可省略不译。

二、语义性省略

在进行英汉翻译时，有些词即使不翻译出来意思也很明确，翻译出来反而显得多余或不符合汉语的表达习惯，这种情形下，需要采用省译法。

例 2—34：Today，a good part of people suffers from malnutrition or from undernourishment.

译文：如今，有相当一部分人营养不良或营养不足。

分析：此句若译成"如今，有相当一部分人承受着营养不良或营养不足的痛苦"会显得累赘，省略后译文更简洁明了。

例 2 — 35：What would happen if the population were to continue doubling in volume every 50 years?

译文：假如世界人口每 50 年翻一番，情况会怎样？

分析：如果将 in volume 在译文中翻译出来会显得多余。

例 2 — 36：Job applicants who had worked at a job would receive preference over those who had not.

译文：有工作经验的求职者优先录取。

分析：译文中省略了 over those who had not，比译成"有工作经验的求职者比没工作经验的求职者优先录取"简洁，更符合汉语的表达习惯。

第三节　词性转换法

　　语言是思维的载体。不同的语言代表着不同的文化背景和思维方式，不同的思维方式制约着语言的表达方式。英汉两种语言在词汇构成、词性、表达习惯方面有相似之处，但也存在巨大差异。汉语的语法结构和造句规律不同于英语，有时需要在译文中改变原文词语的词性，即"词性转换"，才能有效传达原文的准确意思。词性转换是在忠于原文信息的前提下，将原文中某些成分或词性的词转换成其他成分或其他词性的词，其目的是确切表达原文的语义内容，并使译文符合汉语表达习惯。一般而言，英译汉过程中的词性转换几乎可以在所有词性间进行。其原则是无论怎样转换，务必使译文自然流畅、清晰易懂。

一、转换成动词

　　英语和汉语在句法上的一个显著区别是动词的使用。一个英语句子通常只能有一个谓语动词，而一个汉语句子中可以有一连串动词。英汉翻译过程中，很多其他词性的词需要翻译成动词。

　　例 2－37：The sight and sound of our jet planes filled me with special longing.

　　译文：看到我们的喷气式飞机，听见隆隆的飞机声音，我感到心驰神往。

　　例 2－38：The tall girl in red skirt is my teacher's daughter.

　　译文：那个穿红裙子的高个子女孩是我老师的女儿。

　　例 2－39：That day all the villagers were up before sunrise.

　　译文：那天所有的村民都在日出前起来了。

　　分析：例 2－37 为名词转换成动词；例 2－38 为介词转换成动词；例 2－39 为副词转换成动词。

　　另外，英汉翻译过程中，放在连系动词之后描述人的知觉、情感或欲望等心理状态的形容词均可译作动词。常见的此类形容词包括 confident、certain、cautious、angry、sure、ignorant、afraid、doubtful、ashamed、thankful、anxious、grateful、able、aware、concerned、glad、delighted、sorry 等。

　　例 2－40：The fact that she was able to send me a message was a hint.

But I had to be cautious.

译文：她能给我带个信这件事就是个暗示。但是我必须小心谨慎。

二、转换成名词

在英汉两种语言中，名词都占绝大多数，英汉翻译过程中也时常将其他词性的词译成汉语的名词。

例 2—41：The girl impressed her mother-in-law favorably with her vivacity and sense of humor.

译文：那个女孩以活泼和幽默感给她婆婆留下了极好的印象。

例 2—42：They did their best to help the sick and the old.

译文：他们尽了最大努力来帮助病人和老人。

例 2—43：The result of this experiment is much better than those of previous ones.

译文：这次实验的结果比前几次的实验结果都好得多。

分析：上述三个例句，分别是动词转换成名词、形容词转换成名词、代词转换成名词。

应当注意的是，副词转换成名词的情况，在英译汉的过程中也比较常见。

例 2—44：This group has not done so well ideologically，however，as organizationally.

译文：但是，这个小组的思想工作没有他们的组织工作做得好。

三、转换成形容词

（一）名词转换成形容词

英汉翻译过程中，有时需要将其他词类转换成形容词以符合汉语表达习惯。

例 2—45：Independent thinking is an absolute necessity in scientific research.

译文：独立思考在科研工作中是绝对必需的。

分析：此例句中，名词 "an absolute necessity" 转换成了形容词 "绝对必需的"。

（二）副词转换成形容词

副词在英语中的使用频率远高于汉语，英译汉时需要将一些副词转换成形容词。

例 2－46：The changes in policy are fully described in the report.

译文：政策的变化在报告中有全面的描述。

四、转换成副词

英汉翻译过程中，有时为了译文的流畅和语法规范，可以将英语中的名词、形容词翻译成副词。

例 2－47：I have the honor to inform you that your motion is approved.

译文：我荣幸地通知您，您的提议通过了。

例 2－48：At last，he whispered a hurried good bye to his girlfriend and darted toward the door.

译文：最后，他匆匆地跟他女朋友轻声道别，大步走向门口。

分析：在翻译时，例 2－47 和例 2－48 分别将名词、形容词转换成副词。

第四节 语序的调整

语序指句子各成分的排列次序，是词语和句子成分之间关系的体现，反映了语言使用者的逻辑思维和心理结构模式。东西方思维模式存在差异，汉语和英语的语序表达模式也有同有异。英汉句子中的主要成分的语序基本相同。比如，主语在谓语之前，宾语在谓语之后。但定语和状语的位置在两种语言中有一定差异，英汉翻译过程中有时需要进行语序的调整。

一、定语位置的调整

（一）单词作定语

英语中，单词作定语时，通常放在它所修饰的名词前，汉语中也是如此；英语中也有单词后置作定语的情况，但译成汉语时一般都前置。

例 2—49：China is on its way toward the goal of building a modern, powerful socialist country.

译文：中国正朝着建设社会主义现代化强国的目标迈进。

例 2—50：This is the best solution imaginable.

译文：这是能想出的最好的解决办法。

汉语中，名词前的修饰语一般不多，如果英语中名词前定语过多，在翻译过程中则不宜完全前置，可以视情况将一些定语后置。

例 2—51：I saw a short, yellow, ragged beggar in the street.

译文：我在街上看到一个要饭的，身材矮小，面黄肌瘦，衣衫褴褛。

（二）短语作定语

英语中的定语为介词短语、分词结构或不定式短语等结构时，一般位于名词之后，但英译汉时通常将这些充当定语的结构前置。

例 2—52：They are models from various fronts.

译文：他们是各条战线上的模范。

例 2—53：Those are the chief problems facing us.

译文：这是我们面临的主要问题。

例 2—54：Now it is not the time to think of entertainment.

译文：现在不是想着娱乐的时候。

二、状语位置的调整

英语中的状语往往出现在句末，偶尔出现在句首或句中，而汉语中的状语一般位于主语和谓语之间。此外，英语中的单词或短语作状语修饰动词时，通常放在动词之后，汉语中此类状语则往往位于其所修饰的动词之前。因此，在英汉翻译的过程中，有时必须调整状语的位置。

（一）单词作状语

英语中的单词作状语修饰形容词或其他状语时，通常放在它所修饰的形容词或状语的前面，这一点与汉语相同。

例 2－55：He is not stupid，merely ignorant.

译文：他并不蠢，仅仅是无知而已。

例 2－56：The explanation is pretty thin.

译文：这个解释是相当不充分的。

英语中，单词作状语修饰动词时，一般放在动词之后，而在汉语里则放在动词之前。

例 2－57：Modern science and technology are developing rapidly.

译文：现代科学技术正在迅速发展。

例 2－58：He waited patiently for Katherine to speak.

译文：他耐心地等凯萨琳开口。

英语中表示程度的状语在修饰其他状语时可前置也可后置，但在汉语中一般都前置。

例 2－59：Although he is a very experienced driver，he drives very carefully in a foggy day.

译文：尽管他是一位非常有经验的司机，但在大雾天他开车很小心。

例 2－60：He is running fast enough to win the race.

译文：他跑得很快，赢得了比赛。

（二）短语作状语

英语的时间状语、地点状语、方式状语等通常放在句末，译成汉语时则大多要提前。

例 2－61：It must be very strange in the airplane.

译文：这在飞机上一定会觉得很奇怪。

例 2－62：I became a civilian again on the first of October，1949.

译文：1949 年 10 月 1 日，我又是一个平民百姓了。

例 2－63：You can reach me by phone anytime and anywhere.

译文：你可以随时随地打电话找我。

英语的地点状语一般在时间状语之前，而汉语的时间状语则往往放在地点状语之前；此外，英语的时间状语、地点状语的排列一般是从小到大，而汉语则是从大到小。

例 2－64：He was born in Changsha，Hunan on Mar. 20，1987.

译文：他 1987 年 3 月 20 日在湖南长沙出生。

例 2－65：She married John in New York，America on Feb. 14，2014.

译文：她 2014 年 2 月 14 日在美国纽约嫁给了约翰。

第五节　被动语态的翻译

英语和汉语都有被动语态，但在语态使用上存在一定差异。英语中被动语态的使用非常广泛，当不必指出施动者，或无从确定主语，或为了便于连接上下文，均可采用被动语态；而汉语中被动语态用得较少，即使主语和动词之间存在被动关系，也常常较少用"被"字体现出来。另外，英语中被动语态的表现形式比较单一，可以表达积极信息，也可以表达消极信息；而汉语中的被动关系可以通过多种形式体现，而且大多与负面信息相关。英汉翻译过程中，往往需要根据原文语境和汉语表达习惯酌情处理被动语态。

一、译成被动句

英语中的被动句有些可以译作汉语的被动句。但汉语中被动关系的表达方式很丰富，除了"被"之外，"于""受""遭""给""为……所""予以""加以"等词也可以表示被动关系。故而，英译汉时可以根据汉语的表达习惯选用恰当的表达方式。

例2－66：The optimists believe that defeat is not their fault：circumstances，bad luck ，or other people brought it about. Such people are not bothered by defeat.

译文：乐观主义者认为失败不是他们的错：环境、运气不好或其他人都可能造成。这些人从不为失败所困扰。

例2－67：The old woman's nerves are certainly very much shattered，and she requires rest.

译文：老妇人的神经的确受了很大的损伤，她需要休息。

例2－68：The famous hotel was practically destroyed by the big fire.

译文：这家著名的旅馆几乎被这场大火全部毁灭。

二、译成主动句

（一）主语不变，省略被动词

英译汉时，如果被动语态体现的是主语的情感或感受，或并非强调被动动作，或译成汉语时没有表示被动关系的词也通顺，这时可以保持主语不变，省略体现被动关系的词。

例 2—69：The sense of inferiority that he acquired in his childhood has never been totally eradicated.

译文：他在儿童时期留下的自卑感还没有完全消除。

例 2—70：My feet are fastened to this pedestal and I cannot move.

译文：我的脚拴牢在这个底座上，不能移动。

例 2—71：The whole country was armed overnight.

译文：全国一夜之间武装起来了。

（二）主语不变，译作汉语的判断句

当英语中的被动语态着重于对事物的状态、过程或性质等加以描写时，其作用与系表结构类似，可以翻译成汉语中的判断句"是……的"。

例 2—72：The house was built of wood in 1960.

译文：这座木房子是 1960 年修建的。

例 2—73：This decision to retreat was not taken easily.

译文：撤退的决定不是轻易能做出的。

例 2—74：Printing was introduced into Europe from China.

译文：印刷术是从中国传入欧洲的。

（三）原文的主语译作宾语

翻译英语被动语态时，可将原文中的主语即受动者译成宾语，如果原文有施动者，则将施动者译作主语，施动者不明确时可以增加泛指性的词语（人们、大家等）作主语。

例 2—75：A new way of displaying date has been given by electronics.

译文：电子技术提供了一种显示日期的新方法。

例 2—76：Mr. Smith cannot be deterred from his revenge plan.

译文：（人们）不能阻止史密斯先生实施他的复仇计划。

例 2—77：It would be astonishing if that loss was not keenly felt.

译文：如果（人们）不强烈地感受到损失，那就奇怪了。

（四）译作无主句

英语中有些被动句不需要或无法说出行为的主体，翻译时往往译成汉语的无主句，原句中的主语一般译成宾语。

例 2—78：Measures have been taken to prevent the epidemic from sprea-ding quickly.

译文：已经采取了措施来防止这种流行病迅速蔓延。

例 2—79：The unpleasant noise must be immediately put an end to.

译文：必须立即制止这种讨厌的噪声。

例 2—80：New sources of energy must be found，and this will take time.

译文：必须找到新的能源，这需要时间。

三、It＋be＋v-ed＋that 特殊被动句的翻译

英语中，有一类被动句是以 it 作形式主语，后面的 that 从句作真正的主语，翻译时通常译成主动句，有时不加主语，有时需加上"人们""大家""我们""有人"等不确定主语。

例 2—81：It is well known that smoking is harmful to health.

译文：大家都知道吸烟有害健康。

例 2—82：During the inquiry，it was discovered that her death had not been an accident.

译文：在调查中，人们发现她并非死于意外事故。

例 2—83：It is reported that several suspects escaped.

译文：据报道，几个嫌疑人逃跑了。

英译汉时不需要增加主语的常用句型如下：

It is reported that... 据报道……

It is said that... 据说……

It is supposed that... 据推测……

It was told that... 据说……

It may be said without fear of exaggeration that... 可以毫不夸张地说……

It must be admitted that... 必须承认……

It must be pointed out that... 必须指出……

It will be seen from this that... 由此可见……

英译汉时需要增加主语的常用句型如下：

It is asserted that... 有人主张……

It is believed that... 人们相信……

It is generally considered that... 大家（一般人）认为……

It is well known that... 大家知道（众所周知）……

It will be said... 有人会说……

第六节　长句的翻译

英语是形合的语言，英语句子中有诸多并列成分、修饰成分、各种从句、非谓语结构、插入语等，可以形成复杂的长句。翻译长句时，首先，不要有畏难心理。无论多么复杂的句子都是由主语、谓语、宾语等基本成分组成的，只要仔细分析，就能正确翻译出原文；其次，要弄清英语原文的句法结构，找出整个句子的主要内容及各层意思并分析各层次之间的逻辑关系；最后，按照汉语的语言特点和表达习惯，正确译出原文意思，不必拘泥于原文的形式。

一、英语长句的分析

一般来说，形成长句的原因有三个方面：①修饰语多；②并列成分多；③语言结构层次多。我们在分析长句时要把握以下要素。

（1）分析全句的主干，找出全句的主语、谓语和宾语，从整体上把握句子结构。

（2）找出句中所有的谓语结构、非谓语动词。

（3）找出句中所有的从句引导词并分析从句的功能。

（4）分析词、短语和从句之间的相互关系。例如，定语从句所修饰的先行词是哪一个。

（5）注意插入语等其他成分。

（6）注意分析句子中是否有固定词组或固定搭配。

例 2－84：Behaviorists suggest that the child who is raised in an environment where there are many stimuli which develop his or her capacity for appropriate responses will experience greater intellectual development.

分析：①behaviorists 为该句主语，suggest 为谓语，宾语为一个从句，整个句子结构为主语＋谓语＋宾语从句，即 Behaviorist suggest that－clause。②该句共有五个谓语，分别为 suggest、is raised、are、develop、experience。Behaviorist suggest that－clause 结构为该句的主体结构；在 suggest 后的宾语从句中，主语为 child，谓语为 experience，宾语为 greater intellectual development；由 that 引导的宾语从句包含三个定语从句：第一个定语从句 who is raised in an environment 修饰 child，第二个定语从句 where there are many stimuli 修饰 environment，第三个定语从句 which develop his or her capacity for appropriate responses 修饰 stimuli。

综上所述，该句可翻译为：

行为主义者认为，如果儿童的成长环境里有许多刺激因素，这些因素又有利于其适当反应能力的发展，那么，儿童的智力就会发展到较高水平。

例 2－85：For a family of four，for example，it is more convenient as well as cheaper to sit comfortably at home，with almost unlimited entertainment available，than to go out in search of amusement elsewhere.

分析：①该句主干是一个比较结构：it is more ＋ adj. ＋ to do sth. than to do sth. else，涉及两个不定式之间的比较。②该句含一个系动词和两个不定式结构，其中 it is more convenient as well as cheaper to... 为主体结构，但 it 是形式主语，真正的主语为第一个不定式结构：to sit comfortably at home，并与第二个不定式结构 to go out in search of amusement elsewhere 做比较。③for a family of four 作状语，表示条件；for example 和 with almost unlimited entertainment available 两个介词短语作插入语，其中 with almost unlimited entertainment available 作伴随状语，修饰 to sit comfortably at home。

综上所述，该句可以翻译为：

譬如，对于一个四口之家来说，舒舒服服地坐在家里看电视，就能看到几乎数不清的娱乐节目，这比到外面去消遣更便宜更方便。

例 2－86：It is not difficult to gain a general agreement that man-induced increases in the endangerment and extinction of wildlife—whether due to habitat alteration or loss，pollution，insufficiently regulated hunting，or other factors—are undesirable.

分析：①这个句子的主干很简单，即 it is not difficult to do sth.。②该句共有两个主系表结构，it is not difficult to gain a general agreement 是句子的主体，it 作形式主语，真正的主语是不定式 to gain general agreement；man-induced increases are undesirable 是 general agreement 的同位语从句，进一步解释说明 general agreement 的内容，in the endangerment and extinction of wildlife 是介词短语作定语修饰同位语从句中的主语 man-induced increases，两个破折号之间的内容为插入语表原因。

综上所述，该句可以翻译为：

不难使人们一致认为：人为加剧野生动物的濒危和灭绝，不论是由于生态环境的变化或消失、污染、对狩猎控制不力，还是由于其他因素，都是不受欢迎的。

二、长句的翻译方法

英语习惯用长句表达比较复杂的概念，而汉语则倾向于使用若干短句，做层次分明的叙述。英译汉时，要特别注意英语和汉语之间的差异，将英语的长句分解，翻译成汉语的短句。在英语长句的翻译过程中，一般采取下列方法。

（一）顺序法

当英语长句内容的叙述层次与汉语基本一致时，可以按照英语原文的顺序翻译成汉语。

例 2—87：Even when we turn off the bedside lamp and are fast asleep, electricity is working for us, driving our refrigerators, heating our water, or keeping our rooms air-conditioned.

分析：该句由一个主句、一个时间状语从句以及三个作伴随状语的现在分词短语组成，共有五层意思：①即使我们关掉了床头灯深深地进入梦乡时；②电还在为我们工作；③帮我们开动电冰箱；④加热水；⑤或使室内空调机保持运转。这五层意思的逻辑关系及表达顺序与汉语完全一致，因此，可按照顺序法，将该句译为：

即使我们关掉了床头灯深深地进入梦乡，电仍在为我们工作：帮我们开动电冰箱，把水加热，或使室内空调机保持运转。

例 2—88：But now it is realized that supplies of some of them are limited, and it is even possible to give a reasonable estimate of their "expectation of life", the time it will take to exhaust all known sources and reserves of these materials.

分析：该句的骨干结构为 it is realized that…，it 为形式主语，that 引导一个较长的主语从句。该主语从句本身是一个并列复合句，前一分句为简单句，and 后面为一个复合句。此复合句中 it 作形式主语，不定式作真正的主语，the time… 是 expectation of life 的同位语，进一步解释其含义。the time 后面是一个定语从句，该定语从句中，it 作形式主语，不定式作真正的主语。就整个句子而言，四个谓语结构和两个不定式结构表达了四个层次的意义：①可是现在人们意识到；②其中有些矿物质的蕴藏量是有限的；③人们甚至还可以比较合理地估计出这些矿物质"可望存在多少年"；④这些已知矿源和储量消耗殆尽所需的时间。各层次间的逻辑关系与表达顺序与汉语一致，根据同位语的翻译方法，把第四层意义的表达适当调整，整个句子就可以按顺序译为：

可是现在人们意识到，其中有些矿物质的蕴藏量是有限的，人们甚至还可以比较合理地估计出这些矿物质"可望存在多少年"，也就是说，经过若干年后，这些矿物的全部已知矿源和储量将消耗殆尽。

（二）变序法

英语有些长句的表达顺序与汉语表达习惯不同，甚至大相径庭。比如，英语中最重要的信息往往出现在句首，然后再交代条件、原因等，而汉语通常先说明条件、背景等，然后再出现最重要或最新信息，或者按照逻辑关系和时间先后安排语序。因此，英译汉过程中有时需要按照汉语的表达习惯调整顺序，全部或部分倒译。

例 2－89：Aluminum remained unknown until the nineteenth century, because no-where in nature is it found free, owing to it's always being combined with other elements, most commonly with oxygen, for which it has a strong affinity.

分析：该句为主从复合句，由一个主句加上一个原因状语从句构成。状语从句本身又包含一个定语从句。Aluminum remained unknown until the nineteenth century 是主句，也是全句的中心。全句共有四个谓语结构，共五层意思：①铝直到 19 世纪才被人发现；②在自然界找不到游离状态的铝；③铝总是跟其他元素结合在一起；④铝最普遍的是跟氧结合；⑤铝跟氧有很强的亲和力。按照汉语因在果前的表达习惯，可以用逆序法将该句译为：

铝总是跟其他元素结合在一起，最普遍的是跟氧结合，因为它跟氧有很强的亲和力，由于这个原因，在自然界找不到游离状态的铝。所以，铝直到 19 世纪才被发现。

例 2－90：It therefore becomes more and more important that, if students are not to waste their opportunities, there will have to be much more detailed information about courses and more advice.

分析：该句含一个主句、一个主语从句和一个条件状语从句。It therefore becomes more and more important 是主句，但 it 只是形式主语，后面的 that 从句才是真正的主语。全句共有三个谓语结构，包含三层含义：①……变得越来越重要；②如果要使学生不浪费他们的机会；③得为他们提供大量更为详尽的课程信息，做更多的指导。为了使译文符合汉语的表达习惯，可以采用逆序法将该句译成：

因此，如果要使学生充分利用他们（上大学）的机会，就得为他们提供大量关于课程的更为详尽的信息，做更多的指导，这个问题显得越来越重要了。

（三）拆分法

当英语长句中并列成分较多，或主句与从句、短语与修饰词之间的关系不十分密切，各具相对独立性时，可以按照汉语多用短句的习惯，把长句拆分成多个短句译出，有时需要适当增加词语或调整语序。

例2—91：Television, it is often said, keeps one informed about current events, allows one to follow the latest developments in science and politics, and offers an endless series of programs which are both instructive and entertaining.

分析：该句中，it is often said 作插入语，有三个并列的谓语结构，句末还有一个定语从句。三个并列的谓语结构在结构上同属于一个句子，但都有独立的意义，汉译时可以采用拆分法，将整个句子分解成几个独立的分句，可译为：

人们常说，通过电视可以了解时事，掌握科学和政治的最新动态。从电视里还可以看到不计其数、既有教育意义又有娱乐性的节目。

例2—92：The president said at a press conference dominated by questions on yesterday's election results that he could not explain why the Republicans had suffered such a widespread defeat, which in the end would deprive the Republican Party of long-held superiority in the House.

分析：该句有一个主句、两个宾语从句、一个非限制性定语从句、两个介词短语、一个-ed分词短语，共包含三层意思：①在一次关于选举结果的记者招待会上总统发了言；②他说他不能解释为什么共和党会遭到这样大的失败；③这次失败最终会使共和党失去在众议院长期享有的优势。这三层意思相对独立，翻译时可以拆分成三个单句，可译为：

在一次记者招待会上，问题集中于昨天的选举结果，总统做了发言。他说他不能解释为什么共和党会遭受这样大的失败。这种情况会使共和党最终失去在众议院中长期享有的优势。

（四）综合法

事实上，在翻译英语长句时，有时并不只是单纯地使用一种翻译方法，而是需要综合使用顺序法、变序法、拆分法三种方法。尤其是当某些英语长句单纯采用上述任何一种翻译方法都不理想时，就需要仔细分析，或按照时间先后，或按照逻辑顺序，顺逆结合，主次分明地对全句进行综合处理，以便把英语原文翻译成忠实通顺的汉语句子。

例 2－93：People were afraid to leave their houses, for although the police had been ordered to stand by in case of emergency, they were just as confused and helpless as anybody else.

分析：该句为并列复合句。People were afraid to leave their houses 为简单句，for 为并列连词，for 之后是由 although 引导的一个让步状语从句，they were just as confused and helpless as anybody else. 为其主句。该句共有三层含义：①人们不敢出门；②尽管警察已接到命令，要做好准备以应付紧急情况；③警察也和其他人一样不知所措和无能为力。在这三层含义中，②表示让步，即尽管警察已接到命令，要做好准备以应付紧急情况，③表示原因，即警察也和其他人一样不知所措和无能为力，而①则表示结果，即人们不敢出门。按照汉语表达习惯，该句可译为：

尽管警察已接到命令，要做好准备以应付紧急情况，但人们不敢出门，因为警察也和其他人一样不知所措，无能为力。

例 2－94：Constantine's founding of a new capital in the East continued a process that had begun a half-century earlier when Diocletian had first divided the empire into two administrative units, Western and Eastern.

分析：该句为复合句。Constantine's founding of a new capital in the East continued a process 为主句，a process 后的 that 从句为定语从句，修饰 process，而且此定语从句中还镶嵌有一个定语从句 when Diocletian had first divided the empire into two administrative units, Western and Eastern，修饰 a half-century earlier。该句共三层含义：①君士坦丁建立了新都城；②建新

都城是延续半个世纪之前的做法；③半个世纪前戴克里先把国家分为东西两个行政区。整个句子阐述了两件事情，可以拆分为两句，按照汉语表达习惯，该句可译为：

戴克里先把帝国划分为东西两个行政区域。半个世纪后，君士坦丁延续了这一进程，在东部建立了一座新都城。

第七节　特殊句型的翻译

一、强调句的翻译

英语强调句也称分裂句，从形式上可分为两种：一种是"it＋be＋被强调成分＋that/who＋其他成分"的结构形式，另一种是"what＋sb.＋do＋be＋不定式"的结构形式。第一种较为常用，它由普通陈述句转换而来，可以强调主语、宾语、状语；第二种强调结构又称拟似分裂句，比较少见，通常只用来强调谓语动词。汉语中无强调句型，对英语强调句的翻译需要灵活处理。

（一）分裂句的翻译

与英语类似，汉语的信息焦点也处于句尾，翻译分裂句时可将强调成分置于句尾使其成为信息焦点，以此达到强调目的，也可以运用词汇手段来表示强调。

例 2－95：It might have been at Christmas that Bob gave Kate a new car.

译文：鲍勃送凯特一辆新车可能是在圣诞节。

例 2－96：It is not who teaches us that is important，but how he teaches us.

译文：重要的不是谁教我们，而是看他怎样教我们。

（二）"拟似"分裂句的翻译

"拟似"分裂句多译成"……就是……"，原文语序基本不变。

例 2－97：What l did was to give her a home.

译文：我所做的就是给她一个家。

例 2－98：What the student is going to do is to write a thesis.

译文：这个学生要做的就是写篇论文。

例 2－99 ：What I have learned in college is how to learn.

译文：我在大学里学到的就是如何学习。

二、倒装句的翻译

英语中的倒装句有很多种，有的是谓语全部提前，或部分谓语提前，有的是其他成分提前。英语中的倒装实际上是某些成分前置，而汉语的倒装主要是谓语前置，其他成分多为后置；另外，英语倒装常用于书面语，而汉语倒装常见于口语。英译汉时很难将英语的倒装句译成汉语的倒装句，除个别情况外，大多数只能运用词汇手段来达到原文倒装结构要传递的强调意味。

（一）完全倒装

完全倒装即整个谓语部分都置于主语之前。英语中需要完全倒装的情形有：①here、there、now、then、thus 等副词置于句首，谓语常用 be、come、go、lie、run 等表示来去或状态的动词；②表示运动方向的副词或地点状语置于句首，谓语是表示运动的动词；③在 there be 或者 there live（stand、appear、seem、remain、exist）句型中。英语中，完全倒装的情况很多，翻译时通常按照正常语序翻译。

例 2-100：In came the teacher and the class began.

译文：老师走了进来，然后开始上课。

例 2-101：Down came the rain and up went the umbrellas.

译文：下雨了，伞都撑起来了。

例 2-102：Then came the chairman with his beautiful secretary.

译文：那时，总裁和他漂亮的女秘书来了。

在英语中，当句首的状语为表示地点的介词词组时，句子须全部倒装，但此时可译作汉语的倒装句，对地点表示强调。

例 2-103：In this chapter will be found the answer.

译文：在这一章可找到答案。

例 2-104：Under the table was lying a drunken young man.

译文：桌子下躺着一个喝醉了的年轻人。

例 2-105：From the valley came a frightening sound.

译文：从山谷传来令人恐惧的声音。

（二）部分倒装

英语中表示否定意义的副词，如 not、no、never、nothing、hardly、scarcely、little、few 等置于句首时，其后所跟的句子要部分倒装，即将助动词提到主语前。这一规则也适用于一些包含否定词的固定搭配，如 at no time、by no means、neither... nor...、not only... but also...、hardly...

when... 等。此类倒装句可翻译成正常语序的汉语句子，但要将否定词置于谓语之前，并适当增加"从来都""绝对"等词突出原句的强调意义。

例 2—106：At no time and under no circumstances will they give up the struggle for independence of their country.

译文：他们在任何时候、任何情况下，都不会放弃争取国家独立的斗争。

例 2—107：Not for one minute do I think I have the idea of cheating you.

译文：我从来都没有过一丝想要欺骗你的念头。

例 2—108：When I was at school, on no account were we allowed to answer the teachers back.

译文：我上学的时候学生绝不允许和老师顶嘴。

（三）as、though 引导的倒装句

as、though 引导让步状语从句时，必须将句中的表语或状语提前。此类句子通常翻译成正常语序的汉语让步状语从句。

例 2—109：Teacher though he is , he can't know everything.

译文：他虽然是老师，但也不可能什么都懂。

例 2—110：Hard though they tried, they couldn't make their mother change her mind.

译文：尽管他们做了很大努力，却没法让母亲改变主意。

（四）虚拟语气句中的倒装

虚拟语气的条件句通常由 if、as if、lest 等引导，当条件句中的引导词被省略时，条件句中的助动词要提到主语之前。翻译此类倒装句的重点在于识别出这一特殊句型，然后按照正常语序翻译，增添表示条件的关联词。

例 2—111：Were you awarded a prize of fifty thousand dollars, what would you do?

译文：如果你得了五万美金的奖金，你会怎么做？

例 2—112：Had I applied for the post, I would probably get it now.

译文：要是我当时申请了那职位，我很可能现在就得到它了。

三、否定句的翻译

英语和汉语中都有否定句，但英语否定句比汉语否定句更复杂多样。汉

语否定句大多是在肯定句中使用否定词，少数否定句是使用了具有否定意义的动词或其他词类。总体而言，汉语一般是通过词汇手段把肯定句转换为否定句；而英语中除了词汇手段，还可以通过语法手段表达否定意义。汉语没有全部否定和部分否定之分，否定词与其否定的成分紧挨在一起，容易辨认；而英语中的否定词和否定成分有时相距甚远。此外，英语的否定词有时不如汉语的否定词明显。翻译英语否定句必须注意以下几点：①要正确判断否定句，尤其是隐性否定句；②分清部分否定和全部否定；③正确判断否定的成分；④谨慎处理双重否定。

（一）全部否定

所谓全部否定是指将否定对象全盘、彻底地否定。构成全部否定的否定词有 not、never、neither、nor、none、no、nothing、nobody、no one、nowhere 等。在翻译过程中，可以直接将英语的全部否定句译成汉语的否定句。

例 2—113：None of the parts are expensive.

译文：所有的零件都不贵。

例 2—114：China today is not what it was twenty years ago.

译文：今天的中国已经不是 20 年前的中国了。

例 2—115：The key was nowhere to be found.

译文：哪儿都找不到钥匙。

（二）部分否定

英语中 all、every（及其派生词）、both 以及 always、quite、often、altogether、entirely、wholly 都含有"全体"的意义，如用一般否定词 not 对它们进行否定，所得的结果不是全部被否定，而是部分否定。not 可以放在被否定的词的前面，也可以放在谓语部分。切记不能将部分否定误认为是全部否定，翻译时一般译作"不都……""并非都……"。

例 2—116：All that glitters is not gold.

译文：闪光的不都是金子。

例 2—117：Not both books are helpful.

译文：并非两本书都有益。

例 2—118：A professor is not always a very wise man.

译文：教授未必一定是极聪明的人。

（三）双重否定

双重否定是指一个句子中出现两次否定，即否定之否定，实际上是肯定，而且语气较强。翻译时，译为肯定形式或双重否定。

例 2—119：No living thing could exist without air and water.

译文：没有空气和水，生物就不能生存。

例 2—120：He won't come unless he is invited.

译文：有人邀请他，他才会来。

例 2—121：But for your help, they would not have finished the work in time.

译文：要不是你们的帮助，他们是不会按时完成任务的。

（四）否定转移

否定转移（transferred negation）即将否定词从其原来应处的位置转移到句子的谓语动词前，它可出现在复合句或简单句中，使否定的语气更委婉。

1. 复合句中的否定转移。

当主句的谓语动词是 think、believe、suppose、expect、imagine、fancy 等表示"相信""臆测"等心理活动的动词时常出现"否定转移"现象，翻译时要注意将否定词放到正确的位置。

例 2—122：I don't think he is qualified for this job.

译文：我认为他不能胜任这份工作。

例 2—123：I don't imagine they have finished the work yet.

译文：我想他们还没有完成任务。

例 2—124：l don't think this task is any easier than that one.

译文：我认为这项工作一点也不比那项工作容易。

2. 简单句中的否定转移。

否定不定式的否定词常转移到谓语动词前，这时句中常见的谓语动词是 happen、seem、let（us）、appear、prove 等。汉译时，将否定词置于不定式前。

例 2—125：I didn't happen to be at home.

译文：我碰巧不在家。

例 2—126：She doesn't seem to know about it.

译文：她似乎不知道此事。

例 2—127：Don't let us waste time.

译文：让我们不要浪费时间。

英语中，否定方式、目的、时间等状语的否定词也可转移到谓语动词前。汉译时，将否定词置于状语前。

例 2—128：That day he didn't come to school by bus.

译文：那天他不是乘公共汽车上学的。

例 2—129：Rome wasn't built in a day.

译文：罗马并非一日建成。

例 2—130：I am not feeling very well today.

译文：我今天觉得不怎么舒服。

（五）含蓄否定

有些英语句子里并没有否定词 not 或 no，而是用了表达否定意义的动词、名词、形容词、介词、成语、习语等表达否定意义，称之为含蓄否定，一般译作汉语的否定句。

例 2—131：Please refrain from spitting in the public places.

译文：公共场所请勿吐痰。

例 2—132：Bad illness caused his loss of strength.

译文：重病使他毫无力气。

例 2—133：He is the last man that I want to see.

译文：他是我最不想见的人。

（六）肯定意义的否定句

英语中有些否定句实际上表示肯定意义，译作汉语的肯定句。

例 2—134：No family is immune to troubles and headaches.

译文：家家有本难念的经。

例 2—135：You can't be too careful when you take an exam.

译文：考试时越仔细越好。

例 3—136：The secretary said the boss would come back in no time.

译文：秘书说老板马上就回来。

四、无动词分句的翻译

无动词分句是一种省略了主语和谓语动词的分句结构，通常出现在句首，也可出现在其他位置。被省略的主语通常也就是主句的主语，被省略的动词通常是系动词 be，因此无动词分句就其深层结构来说大多属于 SVC 句型。无动词分句，就其结构形式来说，分为三类：①不带从属连词的无动词分句（通常只由形容词词组或名词词组构成）；②带从属连词的无动词分句（通常由从属连词 when、while、wherever、whether... or、although、though、as if、even if、once、unless、until、however、no matter what 等引导）；③带有自身主语的无动词分句（独立主格结构）。无动词分句在句中主要作状语和名词修饰语，相当于状语分句和关系分句。因此，无动词分句翻译成汉语时，通常译作各种状语或名词修饰语，必要时可将其逻辑主语译出来。

（一）无动词分句作状语

无动词分句（尤其是带从属连词的无动词分句）的主要功能是作各种状语，汉译时译作相应的状语或状语从句即可。

1. 译作原因状语

例 2—137：A man of honesty, he wouldn't lie to you, I am certain.

译文：他是一位诚实的人，我肯定他不会对你撒谎的。

例 2—138：The men stared at the floor, too nervous to look at their boss.

译文：他们太紧张了，呆呆地看着地板，不敢看他们的老板。

2. 译作条件状语

例 2—139：Once conscious of an infringement of his rights, he always protested to the manager.

译文：一旦感到他的权利受到侵犯，他总是向经理提出抗议。

例 2—140：This drink has little taste unless hot.

译文：除非烧热，这种饮料几乎没有什么味道。

3. 译作让步状语

例 2—141：Though alone, he didn't feel lost.

译文：尽管孤独，他并无失落感。

例 2—142：His salary was good even if not up to his wife's expectations.

译文：他的薪水不低，尽管没有达到他妻子期望的水平。

4. 译作时间状语

例 2-143：You must eat it when fresh.

译文：你必须趁新鲜吃。

例 2-144：Ripe (=When ripe), these apples are sweet.

译文：当这些苹果成熟时，味甜。

5. 译作地点状语

例 2-145：Wherever possible, all information should be confirmed before we take action.

译文：无论何地，在我们采取行动前必须先确认所有的信息。

例 2-146：The wall is sound-proof where thick.

译文：这堵墙在较厚的部位上是隔音的。

6. 译作方式或伴随状语

例 2-147：He stood there, a tray in each hand.

译文：他站在那里，一手端着一个盘子。

例 2-148：Stone-faced, the captain ordered to reduce speed.

译文：船长脸色严峻，下令减速。

（二）无动词分句作名词修饰语

作名词修饰语的无动词分句大多不带从属连词。这些形容词词组或名词词组通常用来对所修饰的名词或名词词组做一些补充说明，相当于一个非限制性定语从句，可译作修饰名词的定语，或译作分句，对名词进行补充说明。

例 2-149：The moon was setting in the waves, broad and red, like a hot cannonball.

译文：月亮沉落在宽阔的红色波浪上，像一个滚烫的炮弹。

例 2-150：All three looked at each other, and all three smiled——a dreary, pensive smile, though.

译文：三人彼此你看我，我看你，都笑了起来——那是一种凄凉、忧郁的笑容。

例 2-151：The castle, now empty, was allowed to fall into ruin.

译文：那城堡，如今四壁萧然，早已被人遗弃，任其坍圮。

分析：除例 2-149 中形容词词组译作定语外，其余两个例句中的名词词组或形容词词组都译作分句，对前面的名词做补充说明。

（三）独立主格结构的翻译

独立主格结构实际上就是带有自身主语的无动词分句，一般译作分句作各类状语，作伴随状语时可置于主谓语之间。

例 2－152：The report having been read，the meeting ended.

译文：宣读完报告之后，会议结束了。

分析：独立主格结构作时间状语。

例 2－153：The soldier went off，gun in hand.

译文：那个士兵手里拿着枪走了。

分析：独立主格结构作伴随状语。

例 2－154：The children were watching the magic show，their eyes wide open.

译文：孩子们在看魔术表演，眼睛瞪得大大的。

分析：独立主格结构译作分句，作伴随状语。

第三章　汉译英常用的翻译方法与技巧

第一节　汉译英概述

汉语和英语均为历史悠久、内容丰富、文化底蕴深厚的语言。相近学科（如篇章语言学、比较语言学、比较文学、社会语言学、语义学、语用学、修辞学、语言与文化、比较文化研究等）的发展日新月异，从事汉语、英语教学、翻译及其研究的人员数以百万计。特别是近年来学科交叉、学科融合、优势互补已成为科技发展和信息时代的趋势和必然，加之翻译源于各个不同的领域、不同的学科，乃至人类社会的方方面面，又尽其所能地反哺和服务于各行各业。诸如此类的积极因素极大地推动了翻译工作，尤其是汉英互译的繁荣和发展。

就汉译英的方法和技巧而言，目前常见的有：直译法、意译法、增译法、省译法、音译法、加注法、正译法、反译法、转换法（同性/义的转换、句子成分的转换和主被动语态的转换）、分句法/拆句法、合句法/合并法、顺译法、逆译法、倒置法、包孕法、插入法、重组法和归纳法/综合法等。

汉译英的过程是正确理解汉语原文和创造性地用英语再现原文的过程，其基本程序为理解、表达和审校。

一、理解

理解阶段重在读懂汉语原文，弄清原文的意思。汉语是我们的母语，汉译英时对汉语原文的理解一般都不太困难，但这也是相对英译汉而言的。切忌过分自信或掉以轻心，避免理解上的差错从而出现译文中的错误。例如：

1. 努力促进台湾海峡两岸的"三通"，推进祖国和平统一事业。

Efforts will be made to promote the establishment of direct links in post service, air and shipping service and trade between the two sides of the Taiwan Straits and push forward the cause of peaceful reunification of the motherland.

2. 说曹操，曹操就到。

Speak of the devil，and the devil comes.

3. 我们正在进行大刀阔斧的教育改革。

We are Carrying out some drastic reforms in education.

例 1 中的"三通"如果不理解其真正的所指而照字面翻译为"three links"，"three communications"或"three connections"就都会使译文模糊不清。例 2 中的"曹操"并非特指名叫"曹操"的人，而是借《三国演义》中家喻户晓的曹操泛指不经意提及的某个人，故不宜直译为 Cao Cao，而应翻译为与之相对应的又符合英语表达习惯的 the devil。例 3 中的"大刀阔斧"也不是字面的意思，而是其比喻性含义，故不宜直译为"with high knives and broad axes"。

词义理解离不开上下文。上下文可以是一个句子、一个段落，也可以是一章、一节乃至整篇文章、整本书籍及其背景。一般来说，汉译英中的理解包括对语言现象的理解、对原文逻辑关系的理解和对文化背景的理解。

（一）对语言现象的理解

对语言现象的理解一定要紧密结合语篇或语境，切忌脱离语境孤立地理解某个字、词或句子。特别是那些貌似简单的字、词、句，因为语义不仅仅存在于词汇层面，也存在于句子和篇章等层面。例如：

1. 这可是件大事啊！

有人随便将这句话译成 This is a big thing！殊不知 big thing 是指体积大的东西，而"大事"是指"重要的事情"。汉语的"大"不一定对应英语的 big。例如，"大雨"的英语是 heavy rain。large 则表示一个物体总的宽度和数量，有广阔和众多的意思。所以上面这句话应该译为：It is is all important matter！

2. 近几年我国的第三产业增长很快。

这句话中的"第三产业"很容易被译成 the third industry，但"第三产业"不是 the third industry，而是 the tertiary industry。所以此句可以译为：For the latest couple of years the tertiary/service industry in our country has been developing very fast. 相应地，"第一产业"和"第二产业"分别是 the primary industry 和 the secondary industry，而不是 the first industry 和 the second industry。

3. 我在当时真的是哭笑不得。

这里的"哭笑不得"是 do not know whether to laugh or to cry/find sth. both funny and annoying。所以本句宜译为：I felt at a loss with/felt puzzled at what to do then/at that moment/time。

（二）对原文逻辑关系的理解

对原文逻辑关系的理解在汉译中尤为重要。因为英语侧重形合，句子间的逻辑关系常常是借助连词、介词和其他语法标示清楚明白地构建出来的。而汉语则注重意合，许多句子不用主语、介词或连词，但我们可以从句子之间、字词之间感受出来。这就需要我们在汉译英的过程中认真分析和揣摩，并按英语的习惯予以贯之。例如：

1. 形势逼人，小进则退。

Given，the pressing situation，we must move forward，or we will fall behind.

2. 一桶水摇不响，半桶水响叮当。

The full pot of water makes no sound，while the half-empty pot of water is noisy. /A little knowledge (or learning) can be (or is) dangerous，/still water run deep.

3. 雷声大，雨点小。

The thunder roar loudly，but little rain falls. /All we hear is thunder，but thunder，hut no rain falls. /All we hear is words，hut there is no action. / Actions speak louder than words. /Actions and words should go hand in hand. /An empty barrel makes biggest sound.

（三）对文化背景的理解

理想的译文既要体现原文的文化特点，又要克服跨文化交流的障碍。此时的理解要做到"化为我有"，其中包括原文的思想、感情、气氛、情调等。
例如：

1. 大江东去，浪淘尽，千古风流人物。

汉语中的"风流"在英语中的对应词大多用 gallant，很多人便对号入座地把"大江东去，浪淘尽，千古风流人物"中的"风流人物"翻译为 gallant heroes。殊不知英语中 gallant 有 "英勇" 和 "善于讨好女性" 两个方面的意思。Gallant heroes 自然会让人误以为周瑜、诸葛亮等在战场上和情场上都是高手。其实此句中的 "风流人物" 只要译成 heroes 就可以了。

结合中国的历史和文化，这句话就可翻译为：Chinese history sees the Yangtze run：thousands of years and myriad heroes，with roiling waves，are gone. /The endless river eastward flows；with its huge waves are gone all those heroes of bygone years。

2. 烈火炼真金，患难见真情。

按照中国的文化，此句可译为：Fire is the test of gold；adversity is the test of friendship。虽然英美人士也能理解，但他们不用 "烈火炼真金" 的比喻，在这种情况下，我们完全可以借用 "路遥知马力" 等通俗的说法 "By a long mad，we know a horse's strength. /At times of difficulty，we discover a friend's true character. /Liquor brings out a person's true color. /Wine reveals a person's true heart. "

对原文文化背景的理解，在翻译典故和成语时，情况更为如此。如：

3. 班门弄斧。

This is like showing off one's proficiency with the axe before Lu Ban，the master carpenter. /Teach one's grandmother to suck eggs.

4. 焚书坑儒。

Burning books and burying scholars/destroying traditional rullure. (Note：It is recorded in history that when Qin unified China，to consolidate its rule，the first emperor of the Qin Dynasty ordered that all the classics he burned and those who had not obeyed the order he buried alive. This is a notorious culture-ruining art in Chinese history. The allusion is used now to refer to any such culture-ruining art.)

5. 半路上杀出个程咬金。

A Cheng Yaojin unexpectedly rushes out on the way. /A trouble unexpectedly appears in the process. （Note：Cheng Yaojin，one of the famous generals of the Fang Dynasty，notorious for his rashness and so the name is often used as asymbol for making sudden troubles.）

6. 八仙过海，各显神通。

Like the Eight Immortals crossing the sea，each shows his or her prowess. /Each turns to his own wits in face of a thorny task. (Note: The Eight Immortals are Han Zhongli, Zhang Guolao, Lv Dongbin, Tieguai Li, Han Xiangzi, Cao Guojiu, Lan Caihe and He Xiangu, the eight Immortals in Chinese mythology.)

7. 猪八戒戴眼镜——假斯文。

Zhu Bajie wearing a pair of glasses pretending to he a good—mannered scholar/Like Zhu Bajie wearing a pair of glasses, the wearer is pretending to he a good—mannered scholar a pretentious civilized act. (Note: Zhu Bajie, a character in Journey to the West, is a rash fellow, far from a good—mannered scholar, while in Chinese culture, wearing a pair of glasses is a symbol of a scholar.)

二、表达

表达就是译者把自己从汉语原文理解的内容用英语表达出来，表达的好坏取决于译者对汉语原文的理解程度以及英语的修养水平。

理解是表达的基础，表达是理解的结果。但是理解正确并不意味着一定会有正确的表达，因为在汉译英时，汉语是我们的母语，理解相对来说（相对英译汉中对英语原文的理解而言）不算太难，困难往往源于译者英语词汇的不足、不熟（特别是词义辨析、文体色彩和感情色彩的识别等）、句型结构的应用不够灵活，致使心有余而力不足，从而难免出现词不达意、句型结构机械生硬，甚至还会出现主谓匹配、动宾搭配、时态、语态和语气等方面的失误。

（一）直译

所谓直译，就是在源语（source language）和目的语（target language）条件允许的情况下，在译文中既保持原文的内容，又保持原文的结构形式。虽然在汉语和英语两种语言中存在许多差异，但也不乏共同之处。在条件许可时，我们完全可以采取直译的方法，这样可以获得一举两得之功效，既保持了原文的结构，又正确表达了原文的内容。例如：

1. 我喜欢她的歌曲，因为她是一位著名的歌唱家和作曲家。

I like her songs because she is a famous singer and composer.

2. 汤姆也来上学，不过是三天打鱼，两天晒网。

Tom was also enrolled as a student，but he was like the fisherman who fishes for three days and suns his net for two.

3. 百闻不如一见。

Seeing is believing.

4. 眼不见，心不烦。

Out of mind，out of sight.

5. 听君一席话，胜读十年书。

Your remarks are more inspiring/enlightening than what I have read in ten years.

6. 她的嘴很紧，直到现在对那件事她也没有吐露一个字。

She's tight－mouthed. So far she has not breathed a word about that.

7. 有理走遍天下，无理寸步难行。

With justice off your side，you can go anywhere；without it，you can't take a step/move all inch.

直译常见于短语、人名、地名和物质名称，如：纸老虎（paper tiger)；丢脸（lose face)；孔子（Confucius)；云南（Yunnan)，昆明（Kunming)，学校（school)。

直译的原则是能够直译尽量不意译，但是直译也并非死译和硬译。如：

1. 金殿

the Golden Temple

2. 石林

the Stone Forest

3. 我们两所大学是兄弟院校。

Our two universities are sister schools.

以上例 1 和例 2 均为地名，如果按照常用的音译或音译和意译相结合翻译地名的方法，那它们的英译分别为 Jindian 和 Shilin，或 Jindian Temple 和 Shilin Forest，相比之下，就不如 the Gohlen Temple 和 the Stone Forest 直观、形象。当然，这其中还贯穿着约定俗成的原则。如：长江（the Yangtze River)、长城（the Great Wail)、黄河（the yellow River)、黄山（the Huangshan，Mountain)、孙中山（Sun Yat-sen)、蒋介石（Chiang Kai－shek）等。例 3 中“兄弟”并非它的字面含义，而是“情同手足的兄弟”的喻意，在英语中的对等词为 sister 而不是 brother。

（二）意译

汉语和英语分别属于不同的语系，两者在词汇、句型结构、表达方式等方面具有很多差异。当原文的思想内容与译文的表达形式有矛盾，不易采用直译的方法处理时，就应采用意译法，意译就是不拘泥于原文的形式，重点在于正确表达原文的内容。刻板的翻译因为死守原文语言形式常常还会损害原文的思想内容。好的译文应该是形式与内容的统一。例如：

1. 胸有成竹。

To have some plans ready to meet any situation. /To be resourceful for all eventualities. /To have some well thought—out idea in mind. /With conviction and confidence.

2. 他简直不是个东西！

What a person he is! /He is such a terrible person.

3. 中国经济取得巨大发展，中国人民终于扬眉吐气了。

The Chinese, people feel proud and elated for the great economic development/growth in China. /The Chinese people feel proud and elated for China's great economic development/growth.

4. 他最近出了几本十分畅销的书，这使得很多人对他刮目相看。

He has published a number of best—sellers, which makes many people sit up and take notice.

在意译的表达过程中，语境尤为重要，理解更为关键。同样的成语、习语甚至话语，在不同的上下文里，其表达很难保持一成不变。这就要求译者在翻译时必须结合相关的语境，正确地理解原文，随机应变，恰如其分地予以处理。

三、审校

审校阶段是理解与表达的进一步深化，是对原文内容进一步审核，对译文语言进一步推敲、润色加工的阶段，它决定着译稿质量的优劣。许多问题就出现在这个环节上。因此，审校是翻译过程中一个很重要的阶段，并非可有可无。通过表达之后的审校，我们可以发现译文的一些问题或失误，做到查漏补缺、及时修正。

在审校的过程中，首先检查译文是否正确地转述了原文内容，是否有错译和漏译；其次，检查是否有语言上的明显错误或失误，如时态、语态、语气、单复数、词性、拼写、大小写、标点符号等。

尤为值得一提的是语气和中式英文。许多话语除了字面表达的意思外，有时还渗透在字里行间，带有一定的甚至强烈的感情色彩。如：

1. 路漫漫其修远兮，吾将上下而求索。

The way ahead is long; I see no ending, yet high and low I'll search with my will unbending.

2. 但愿人长久，千里共婵娟。

We wish each other a long life so as to share the beauty of tiffs graceful moonlight, even though miles apart.

另外，带有中国特色的词汇不断出现，致使初学翻译的人很难分辨什么是中式英文，什么是中国英语（China English，即为表述中国特有之物而应运而生的英语）。随着时代的发展，近年来出现了不少新词汇、新提法，它们都是中国特有的，在英文里没有或一时找不到相应的译法，即使译出来也需要一定的磨合过程，所以翻译和审校时需要倍加小心。

3. "三讲"（讲学习、讲政治、讲正气）

初译：emphasize the need to study, to have political awareness and to be honest and up right

改译：emphasis on three things: study, politics and integrity

初译是解释性的，显然没有原文简洁。改译后简单明了，但也没完全摆脱中式英文的味道。另外，politics 一词有时含贬意。这就需要在审校时进一步斟酌："three emphases"（to stress theoretical study, political awareness and good conduct）。

四、汉译英的注意事项

1. 关于数量词的翻译

除数字外，汉译英时还会碰到具有中文特色的数量词，如"方、公里、海里、千瓦、丈、尺、寸"等。在翻译的过程中，除了将汉语中的量词转换成英语中相应的数字外，还应注意：

（1）原文中用"万"来表达时，一般宜把"万"换算成 thousand 或 million，但是 10 million 一般应换算成 thousand，如：一千万（10 million）、十万（100 thousand）。换算后，应认真校核是否有数量上的差错。不过，如果原文中有大量的数字表格且采用"万"来表达时，则不再换算，以减少工作量并避免差错。

（2）在翻译数量词"丈、尺、寸"时，通常采用拼音加注释的方式：丈 zhang（a unit of length，one zhang＝3 and 1/3meters），尺 chi（a unit of length，one chi＝l/3 meter），寸 cun（a unit of length，one cun＝1/3 decimeter）。

2. 关于地名、单位名称的翻译：采用双重标准

（1）在地名标牌上，全用汉语拼音，在专名与通名之间适宜加一空格的加一空格。

（2）对于一般科技文章，如可行性研究报告、环境评价报告、景点介绍等，通名可译为英文，专名可用汉语拼音，必要时可用小括号加注；但如果专名带有美好（或至少不是负面）的含义，而且易于翻译的，则宜意译，并在必要时用小括号加注，如：爱园（Garden of Eden）。如果中文的专名和通名都只有一个汉字时，则应用汉语拼音译其全名后，再加意译（但"岳庙、苏堤、沈宅、木府"等不在其例，因为实际上专名已有省略）。如："太湖"宜译为 Taihu Lake，而不是 Tai Lake；"滇池"宜译为 Dianchi Lake，而不是 Dian Lake；"秀山"宜译为 Xiushan Mountain，而不是 Xiu Mountain。但约定俗成的例外，如"泰山"译为 Mount Tai，"长城"译为 the Great Wall，"西湖"译为 the West Lake。

（3）在翻译单位名称时，通名（如公司、厂、店等）应译为英文，专名可用汉语拼音，但如果专名隐含美好（或至少不是负面）的含义，而且易于翻译的，则宜意译。如：中国外轮代理公司（China Ocean，Shipping Agency），大世界百货 公司（Great Universe Store）。

3. 关于人名的翻译

所翻译的姓与名之间加一空格，词首大写，其余小写。双名的两字之间无须空格或连字符。复姓需要连拼连写在一起，词首大写，其余小写。例如：Liu Xuande、Zhuge Liang。

第二节　汉译英常用方法与技巧（一）

一、无主句的译法

汉语是主题突出型的语言，句法结构较松散，句子不一定要有主语。汉语中只有谓语部分而没有主语部分的句子称为无主句。此外，汉语中还有一些句子，在上下文意思和所指明确的情况下，句子的主语可以省略，这类句子称为主语省略句。主语省略句所缺少的主语一般可以依靠一定的语言环境加以补充。

英语是主语突出型语言，句型结构往往是围绕主语来展开的，大部分英语句子都有齐备的主语和谓语。因此，在翻译汉语的无主句和主语省略句时，很多情况下要在英语译文中补出适当的主语或改变句型，使译出的句子结构符合英语语法的规范。

（一）补出适当的主语

汉语的无主句和主语省略句，在翻译成英语时，往往需要选择恰当的代词或名词来充当主语，从而使译文的句子结构符合英文的语法要求。

1. 增加第一人称主语"I"

例如：

（1）不知他是否愿意和我一同去。

I don't know whether he is willing to go with me.

（2）孤帆远影碧空尽，唯见长江天际流。

His lessening sail is lost in the boundless blue sky, where I see but the endless River rolling by.

2. 增加泛指意义的主语

例如：

（1）送君千里，终有一别。

Although you may escort a guest a thousand miles, the parting will come at last.

（2）在教育方面，重点加强了义务教育特别是农村义务教育。

In education, we focused on strengthening compulsory education, especially in rural areas.

（3）饱食终日，无所用心，难矣哉。

He who eats three square meals a day and does not at all use his brains is a good for nothing.

（4）子曰："志于道，据于德，依于仁，游于义。"

Confucius said, "One should be devoted to the Way, base oneself on virtue, lean upon humanity, and take pleasure in justice."

3. 增加 it 作主语

英文中代词 it 作主语表示天气或时间；可以指代事务、动物或婴儿。此外，it 也可以充当形式主语或构成强调。例如：

（1）昨天下雪，今天出太阳，天气变化真大。

It snowed yesterday, and it is sunny today. The weather changes a lot.

（2）十年树木，百年树人。

It takes ten years to grow a tree, but a hundred to rear people.

（3）是男孩还是女孩？

Is it a boy or a girl ?

（4）就像是痴人说梦。

It seemed to be a tale told by an idiot.

（5）又得重新回到那里，一定很难受。

It must have been tough having to return to it again.

（6）该受责备的是你。

It is you that are to blame.

4. 增加适当名词作主语

例如：

（1）总体上实现了由温饱到小康的历史性跨越。

China has basically completed the historic leap from a society of subsistence to a society of moderate prosperity.

（2）在边远地区是要艰苦些。

Life in remote areas is a little bit harder.

（二）译为被动结构

缺省主语的中文句子译为英文时，可以考虑将原句的宾语转化成为译句的主语，原句以被动结构译出。例如：

1. 这一周在全国都能看见大学生们在排队报名考研。Students nationwide can be seen queuing up to register for the National Entrance Examination for Postgraduates this week.

2. 必须改变中国足球的落后状态。The backwardness of Chinese football must be changed.

（三）采用 there be 句型

如果原句表示存在意义，则可以考虑采用 there be 句型译出。例如：

1. 根据教育部初步统计，到 2001 年，已有七千二百万大学生。

According to preliminaly statistics from the Ministry of Education，prior to 2001，there were 72 million college students in China.

2. 去年在这个省有 47 人因为包二奶而被监禁。

There are forty一seven people being imprisoned last year in this province for keeping a second defacto wife.

3. 还有一些生活极端贫困的人需要政府的资助。

There are still some people living in extreme poverty，who are in need of the government's financial support.

4. 留得青山在，不怕没柴烧。

So long as green hills remain，there will never be a shortage of firewood.

there be 句型通常是针对事情而言，若是针对人则应考虑别的译法。例如：

有人在敲门，一定是他。

Someone is knocking at the door，It must be him.

（四）采用倒装语序

有些不带主语的中文句子结构与英文的倒装句型很相似，翻译时可以采用倒装语序。例如：

1. 接着就是他考试的日子。

Then，came the day of his examination.

2. 地板上是一堆堆的书。

On the floor are piles of books.

3. 上面那里是白桦林。

Higher up are forests of birch trees.

（五）译为英文的祈使句

汉语中有一些口号式的句子用于表示请求、命令等语气，这些句子通常不带主语。这类句子汉译英时可直接译为英文的祈使句。例如：

1. 确保教师持证上岗。

Make sure that teachers are certified.

2. 抓住机遇，乘势而上。

Seize opportunities to achieve greater progress.

（六）译为英文的非谓语结构形式

以谓语动词开头的无主语句，在少数情况下，可根据需要译为英文的非谓语结构形式。此方法在时事政治文章中最为多见。例如：

1. 深化亚太合作，共创和谐未来。

Enhancing Asia—Pacific cooperation to create a harmonious future.

2. 展望未来，三地经贸合作前景广阔，催人奋进。

Looking ahead, the three regions have broad and exciting prospects for cooperation.

3. 采取果断措施，集中力量抗击非典。

Taking resolute measures against SARS and concentrating our resources on the campaign against it.

4. 加快发展各项社会事业。

Accelerating the development of social programs.

（七）直接译为省略主语的英文句子

在很少的情况下，无主语句也可以译为英文中的省略主语的句子。例如：

1. 谢谢你。

Thank you.

2. 希望早日收到你的回信。

Hope to hear from you soon.

3. 请你再说一遍。

Beg your pardon.

在实际的翻译过程中，译者往往需要综合考虑句子结构、上下文语境等因素，选择最恰当的翻译方法，从而译出高质量的译文。

二、省略句的译法

省略是一种避免重复、保持简洁的手段。汉语中，凡是缺少一个或一个以上成分的句子称为省略句。省略句在一定的语境中能够独立存在，意义明确，并且能发挥交际功能。

省略句中被省略的成分可以依靠一定的语言环境加以补充。省略句多用于交际用语。汉语中省略句省略的成分包括主语、谓语和宾语。

（一）省略宾语

汉语句子中的宾语在上下文所指明确的情况下可以省略，省略宾语的句子在翻译成英文时，往往要根据上下文补出宾语。例如：

a. "啊哟，对不起，打扰（你）了，下次再拜访（你）!"

"Well, well, I must apologize for having disturbed you. I will visit you again next time."

b. "是我对不起您啦，远道而来，无可奉告，恕不远送（您）了!

"I must apologize to you, sir. You have come from afar but I haven't got much to offer. Pardon me for not seeing you off."

在少数情况下，省略宾语的句子在翻译成英文时，也可根据英文的习惯用法省去宾语。例如：

a. —怀特先生在办公室吗？

—Is Mr. White in his office?

b. —对不起，我不知道。（此处省略了"不知道"的宾语"怀特先生是否在办公室"。）

—Sorry, I don't know (whether he is in his office or not).

a. —你们确定谁得奖了吗？

—Have you dectded who is going to be awarded the prize?

b. —确定了。但我不能把名字告诉你。

—Yes. But I can't tell you the name now.

a. —为什么不能？大家都想知道（谁得奖了）。

—Why not？Everybody wants to know（who is going to be awarded the prize）.

b. —过几天你就会知道啦。

—You'll see in a few days.

（二）省略主语和谓语

汉语中有些省略了主语和谓语的句子，翻译成英文时常常采用英文的省略句。例如：

a. —小王，我要出去一下。

—I am going out，Xiao Wang.

b. —（你要）去哪里？

—Where（are you going）?

—（我要去）家乐福。

—（I am going to）Carrefour.

这个例子中第二句话"去哪里？"被译为"Where?"。很明显，汉语中仅仅省略了主语，译成英文时却连谓语"去"都省略了。对话的第三句"家乐福"被译为"Carrefour"，这里原文和译文都省略了主语和谓语。又如：

a. —这是什么时候的事？

—When did it happen？

b. —（这是）昨天的事。

—（It happened）yesterday.

a. —你最喜欢的作家是谁？

—Who is your favorite writer？

b. —（我最喜欢的作家是）马克·吐温。

—（My favorite writer is）Mark Twain.

3. 省略谓语和宾语

汉语中有些句子省略了谓语和宾语，翻译成英文时也往往采用英文的省略句。例如：

a. —儿子啊，今天是你第一天上班。

—This is the first day of work，son.

b.—是啊。希望大家都喜欢我。

—I know. I hope everybody likes me.

a.—不用担心。我相信他们会（喜欢你）的。

—Don't worry. I'm sure they will（like you）.

a.—谁陪你去机场？

—Who will accompany you to the airport？

b—小李（陪我去机场）。

—Xiao Li（will accompany me to the airport）.

上面两个例子中均包含省略谓语和宾语的中文句子，翻译成英文时按照英文省略句的习惯用法也省略了英文句子的部分谓语和宾语。

事实上，在实际的翻译过程中往往需要译者根据英语的习惯用法，灵活处理，在译文中省去可省的部分并补出不可少的部分。

三、"把"字句的译法

汉语中，用"把"或"将"字把宾语提到动词之前来表示的一种句式称为"把"字句。"把"字句用来表达"处置""致使"或"把 A 当作 B"等意思。在"把"字句中，宾语多数是确指的事物，动词通常是能带受事宾语的及物动词。"把"字句的基本结构是：名词（施事）＋把＋名词（受事）＋动词＋其他。在这一基本结构中，第一个名词有时可以省略，"把"字句具有将宾语提前和突出宾语的作用。"把"字句有这样一些主要特点：强调动词的处置性；"把"的宾语有确指性；"把"字句动词后一般要接补语、宾语等其他成分。

"把"字句是汉语中一种特有的句型，翻译成英文时，译者要根据其意义、作用、特点和上下文，选择使用适当的方法将其译出。

（一）含有"处置"意思的"把"字句

在含有"处置"意义的"把"字句中，"把"字后为动词的对象，即表示受事的名词，对应翻译成英文句子的宾语。动词一般是及物动词，可充当英文句子的谓语动词部分。此外，从意义上讲，处置总要有个结果，因此该动词后往往会带个补语或状语，以说明处置的结果或影响的程度。总体来说，这类"把"字句在翻译时，可以采用英文的 SVOC 或 SVOA 句型，有的也可直接译为 SVO 结构。

（注：S = subject，V = verb，O = object，C = complement，A = adverbial）例如：

1. 他们总是把方便让给别人，把困难留给自己。

They always take difficulties on themselves and leave what is easy to others.

2. 她把信揉成一团，塞到口袋里。

She crumpled the letter into a ball and put it into her pocket.

3. 这个年轻人总是不能把一份工作保持几个星期以上。

The young man was always unable to hold a job for more than a few weeks.

4. 你在安装设备之前要把说明书先看一遍。

You should read through the instructions before installing the equipment.

5. 党中央、国务院把人民群众的身体健康和生命安全放在第一位，及时研究和部署防治非典工作。

The Party Central Committee and the state Council gave top priority to protecting people's health and lives and promptly investigated SARS and took steps to prevent and treat it.

（二）含有"致使"意义的"把"字句

除了上述的"处置"含义外，"把"字句还可以用来表达"致使"意义。当"把"字句中动词表达"忙""累""急""气""吓""热"等意义且动词后带有表示结果的补语时，句子就有"致使"意义的动词。例如：

1. 你这些天都到哪里去了？都快把人急死了。

Where have you been all these days? We were almost worried to death.

2. 这天气把人热得坐不住。

The heat of weather makes one unable to sit still.

（三）表示"把A当作B"的"把"字句

在翻译"把A当作B"的"把"字句时，常常使用英文中"主语＋动词＋宾语＋as/for＋补语"的句型。例如：

1. 我把他当作朋友。

I regard him as a friend.

2. 我把这事当作自己的事情。

I considered the matter as my own business.

3. 他误把我当作图书管理员了。

He mistook me for the librarian.

（四）带有双宾语的"把"字句

汉语中有些动词（如借给、递给、拿给、告诉等）在句子中充当谓语动词时可带双宾语，即直接宾语和间接宾语。若这类动词使用在"把"字句中，则借助"把"字结构将其直接宾语提到动词之前。在翻译这类带双宾语的"把"字句时，译者往往选择使用英文中可带双宾语的动词，并将两个宾语都置于动词之后。例如：

1. 你怎么会把那么多钱借给他？

How can you lend him that much money ?

2. 请把盐递给我。

Please pass me the salt. /Please pass the salt to me.

3. 你干吗不把这告诉警察？

Why didn't you tell this to the police ?

（五）无主语的"把"字句

如前所述，"把"字句的基本结构是：名词（施事）＋把＋名词（受事）＋动词＋其他。在这一基本结构中，第一个名词（句子的主语）有时可以省略，从而形成了无主语的"把"字句。在翻译无主语"把"字句的时候，有时可根据需要完全忽略"把"字的存在，用"把"字后的宾语来作句子的主语。例如：

1. 把他气得说话的力气都没有了。

He was too angry to say anything.

2. 把社会利益放在首位。

Put social benefit first. （用祈使句译出）

We should put social benefit first. （增补适当的主语译出）

3. 请把机票或登机牌准备好接受安检。

Please have your ticket or boarding pass

ready for the security inspection. （译为祈使句）

4. 把酒拿来！

Bring me the wine！（译为祈使句）

（六）将"把"字句翻译成英语被动句

汉语的"把"字句和英文的被动句都是把句子的宾语提前，从而起到强调宾语的作用。基于这一共同点，有时可以考虑将汉语的"把"字句译为英文的被动句。例如：

1. 把工作按时完成是很重要的。

It is of vital importance that the work should be finished on time.

2. 他们的一席话把我感动得流下了眼泪。

I was moved to tears by what they had said.

（七）其他情况

以上是"把"字句的六种常用翻译方法。然而对"把"字句的翻译而言，上面的几种方法是不够的。因为"把"字句为中文所特有，英文里没有现成的与之对应的句型，中文的"把"字也没有对应的英文单词。所以，在实际的翻译过程中往往需要译者根据具体情况，灵活应对。例如：

1. 我们简直不把这点困难放在眼里。

We simply think nothing at all of this difficulty.

2. 另一方面，要坚持增产与节约并举，把节约放在优先位置。

On the other hand，we must increase production and practice economy with the emphasis on economizing.

在翻译例 1 时，译者按照英文的习惯采纳了"think nothing of"（把……看得很平常）这一短语，译文已经完全看不出"把"字的痕迹了。例 2 中的"把"字结构被处理成一个介词短语"with the emphasis on economizing"。

四、"得"字句的译法

汉语里的"得"字句是指含有结构助词"得"的一种特殊句式。"得"之前为动词或形容词，"得"之后则是补语。按照补语的语义性质可将"得"字补语结构分为两大类，即表示"可能、可以"的"得"字句和表示"结果或程度"的"得"字句。以下重点就这两大类"得"字句的英译进行讨论。

（一）表示"可能、可以"的"得"字句

用情态助动词"can（could）"或"be able to"译出。例如：

1. 我拿得动这个箱子。

I can carry the suitcase.

2. 咱们可粗心不得。

We can't afford to be careless.

3. 你办得好吗？

Can you do it well ?

用后缀带"—ble"的形容词译出。例如：

1. 这个料子洗得洗不得？

Is this material washable ?

2. 我怀疑他这个人是否靠得住。

I am wondering whether he is reliable or not.

用词组"be capable of"译出。例如：

1. 他们什么坏事都干得出来。

They are capable of all sorts of wrong doings.

2. 我能搬得动这个箱子。

I am capable of moving the box.

用其他情态助动词译出。例如：

这种事做不得。

This must not be done.

灵活处理。例如：

1. 这条连衣裙穿得。

The dress fits well.

2. 这个人批评不得。

He is not a man to criticize.

（二）表示"结果或程度"的"得"字句

1. "得"字后跟主谓结构作补语

（1）"得"字后的主谓结构用英文的从句译出。例如：

①他吵得我不能集中精力工作。

He made so much noise that I couldn't concentrate on my work.

②他的话让我们笑得肚子疼。

What he said made us laugh till our side split.

（2）将"得"字后的动词或动词短语用作英文句子的谓语动词。例如：

①孩子们冷得直打哆嗦。

The children shivered with cold.

②他怕得发抖。

He was trembling with fear.

③她吓得跳了起来。

She jumped with fright.

2．"得"字后跟形容词或形容词短语作补语

（1）用英文中合适的形容词将"得"字后的形容词译出。例如：

①你想得真周到。

It's very thoughtful of you.

②你说得对。

You're right.

（2）将"得"字后的形容词或形容词短语译为副词或副词短语以修饰句子的谓语部分。例如：

①这篇文章写得很好。

The article is very well written.

②这个菜做得不好。

This dish is badly cooked.

③他这个人说得少，做得多。

He talks a little，but does a lot.

④你昨晚睡得好吗？

Did you sleep well last night？

⑤展品摆设得十分得体。

The exhibits ate laid out in exquisite taste.

⑥来得容易，去得快。

Easy come，easy go.

（3）将"得"字后的形容词或形容词短语译为带修饰语的名词短语。例如：

①玩得愉快。

Have a good time.

②这女孩英语说得真漂亮。

The girl speaks beautiful English.

③那球接得好。

That's a nice catch.

④我过得很悠闲。

I had a fairly restful time.

3. "得"字后跟副词短语作补语

"得"字后跟副词作补语时，常常在英文中选择适当的对应副词将该副词译出。

例如：

（1）我们对生活乐观得很。

We are very optimistic about life.

（2）这价钱真是便宜得很。

The price is unbelievably cheap/low.

（三）灵活处理

在实际的翻译过程中，译者对"得"字句的翻译往往可以不拘泥于以上方法。译者可根据原文的具体情况和英文的习惯表达法，对"得"字句加以灵活处理。例如：

1. 我的脚疼得不得了。

My feet are killing me.

2. 他最近忙得不可开交。

He is as busy as a bee recently. /He is up to his neck in work.

3. 时间过得真快！

How time flies！

五、连动式的用法

汉语中，由两个或两个以上动词或动词短语作谓语的句子称为连动式或连动句。连动式的特点是：①连动句里的几个动词或动词短语只有一个共同的主语；②相连的几个动词或动词短语作句子的谓语；③动作的先后顺序不能变动。连动句动词或动词短语之间有先后、目的、方式、因果等关系。在翻译连动句时,应该先理清几个动词或动词短语间的相互关系,然后将句子的主要动词或动词短语译为英语句子的谓语部分,其他动词或动词短语则视情况译为分词、不定式、介词、介词短语等。

(一)先后关系

1. 并列谓语

表示先后关系的连动式常常按照动作的顺序用并列谓语的形式将动词译出,并列谓语之间采用"and"连接。例如:

(1)党中央、国务院及时研究部署防治非典工作。

The Party Central Committee and the State Council promptly investigated SARS and took steps to prevent and treat it.

(2)我们如实公布非典疫情,动员群众实行群防群控。

We reposed the facts of the SARS situation exactly as they were and mobilized the general public to control the outbreak.

(3)他放下书走了出去。

He put down the book and went out.

2. 分词

表示先后关系的连动式偶尔也可将第一个动词或动词词组译为分词形式,后一个动词或动词词组译成句子的谓语。例如:

(1)他掏出一瓶酒慢慢地喝起来。

He took out a bottle of wine and began to drink slowly.

(2)我备完课后听了一会儿音乐。

Having prepared my lessons, I listened to the music for a while.

(二)目的关系

1. 不定式

翻译目的关系的连动式时,往往将表目的的动词或动词短语译为不定式,另一个动词或动词短语译成句子的谓语。例如:

(1)我们及时做出部署,保护粮食主产区和广大农民的种粮积极性。

We made plans in a timely fashion to ensure the continued enthusiasm of major grain producing areas and grain producers.

（2）我们要加大力度整顿文化市场。

We will intensify efforts to rectify the cultural market.

（3）我们及时做出必要调整，推动社会事业加快发展。

We promptly made necessary adjustments to stimulate the development of social undertakings.

2. 介词、分词

翻译目的关系的连动式时，有时可以把表示目的的动词或动词短语译为含目的意义的介词或分词，另一个动词或动词短语译成句子的谓语。例如：

（1）他们出发去城里。

They headed off for town.

（2）我们花 100 元买了张票。

We paid 100 Yuan for a ticket.

（3）晚饭后，我们出去散步。

We go out for a walk after supper.

（4）我昨晚熬夜准备英语考试。

I stayed up last night cramming for my English exam.

（5）她打电话来说她不来吃晚饭了。

She phoned saying that she wouldn't come for supper.

3. 并列谓语

翻译目的关系的连动式时，偶尔也采用并列谓语形式将连动式译出。例如：

（1）过来看看。

Come over and have a look.

（2）咱们去看场好电影。

Let us go and see a good movie.

（3）有空来看我。

Come and see me when you are free.

4. go＋doing 结构

翻译目的关系的连动式时，有时可以利用 go ＋ doing 的结构来翻译。例如：

（1）周末我们准备去打保龄球。

We planned to go howling this weekend.

（2）寒假里我们常常去未名湖溜冰。

We often go skating on the Weiming Lake.

类似的结构还有很多。例如：

go fishing（去钓鱼），go dancing（去跳舞），go hunting（去打猎），go sailing（去航海），go shooting（去射击），go sight-seeing（去观光），go walking（去散步），go playing（去玩），go baseballing（去打棒球），go sledging（去滑雪橇），go rambling（去漫游），go bathing（去洗澡），go boating（rowing）（去划船），go camping（去野营），go picnicking（去野餐），go skiing（去滑雪），go mountain-climbing（去爬山），go wading（去跋涉），go sporting（去运动），go shopping（去购物），go hiking（去徒步），go nutting（去采坚果），go drinking（去喝酒），go shrimping（去捕虾），go golfing（去打高尔夫球），go job-hunting（去找工作），go surfing（去冲浪），go mushroom-collecting（去采蘑菇），go water-skiing（去滑水），go horse-riding（去骑马），go swimming（去游泳）等。

（三）方式关系

1. 介词短语

翻译方式关系的连动式时，有时可考虑将表示方式的动词或动词短语译为介词短语，另一个动词或动词短语则译成句子的谓语。例如：

（1）她带着一束美丽的鲜花回来了。

She came back with a bunch of beautiful flowers.

（2）我们热烈鼓掌欢迎新同学。

We welcomed our new classmates with warm applause.

2. 分词

翻译方式关系的连动式时，有时也可把表示方式的动词或动词短语译为分词，另一个动词或动词短语则译成句子的谓语。例如：

（1）他一路哼着歌从山上走下来。

He walked down the hill, singing softly to himself.

（2）他匆忙走进那所房子，后面跟着两个陌生人。

He hurried into the house, followed by two strangers.

（3）她跪着，闭上眼睛，向上帝祈祷。

Kneeling and shutting her eyes, she prayed to God.

（四）因果关系

翻译因果关系的连动式时，可把表示原因的动词或动词短语译为不定式、分词或原因状语从句，另一个动词或动词短语则译成句子的谓语。例如：

1. 妈妈听到这个好消息很高兴。

My mother was delighted to hear the good news.

2. 他们打败了，撤退到山谷里。

Defeated, they withdrew into the valley.

3. 她惊呆了，一句话也说不出。

Overcome with surprise, she was unable to utter a word.

4. 他们听到这个消息就立刻出发了。

Hearing the news, they immediately set off.

5. 我没有遵守规定，受到了处罚。

I was punished because I didn't obey the regulations.

（五）灵活处理

以上是连动式的常用翻译方法。然而翻译过程中，往往需要译者根据英语的习惯用法，灵活处理。有时也可采用其他一些恰当的方法。例如：

1. 她蹦着跳着跑开了，越过草地，跑上小径，跨上台阶，穿过阳台，进了门廊。

She skimmed away over the lawn, up the path, up the steps, across the veranda, and into the porch.

该句子将几个动词用不同的介词对应译出，译文简洁生动。

2. 她站在窗前看夕阳。

She stood at the window watching the sunset.

该句中将"站"作为英文句子的谓语动词，"看"用现在分词形式译出，这样句子完全符合英语的使用习惯。该句不能译为"She watched the sunset, standing at the window."。

六、兼语式的译法

兼语式是兼语短语充当谓语的句子。兼语式的谓语是由动宾短语套接主谓短语构成的，动宾短语的宾语兼作主谓短语的主语。这种既作宾语，又作主语的成分叫作兼语。兼语式多有使令的意思，所以句中前一个谓语多由使令动词充当。兼语式中前后两个动词通常在语义上有一定联系，即兼语式中第二个动词是前边动作所要达到的目的或产生的结果。

（一）套用英语的 SVOC 句型

兼语句的英译常常套用英语的 SVOC（主语＋谓语＋宾语＋补语）句型，将第二个动词转化成英语句子的宾语补足语。宾语补足语可以由不定式、介词短语、分词、形容词、副词或名词来充当。

1. 不定式充当宾语补足语

例如：

（1）他证明自己是个英雄。

He proved himself to be a hero.

（2）老师让每位学生写篇 1000 字的文章。

The teacher set every student to write an es say of 1000 words.

（3）父母更愿意我学法律。

My parents prefer me to study law.

2. 介词短语充当宾语补足语

例如：

（1）我们不能说服她结婚。

We cannot talk her into marriage.

（2）我们邀请她来共进晚餐。

We invited her for dinner.

（3）他们认为他是智力障碍者。

They regarded him as a fool.

3. 分词充当宾语补足语

例如：

（1）我让你们久等了。

I have kept you waiting for a long time.

（2）你让大家都为你发愁。

You have had（made）everyone worrying about you.

4. 形容词充当宾语补足语

例如：

(1) 这个消息让她感到很高兴。

The news made her very happy.

(2) 什么事使你这么兴奋？

What makes you so excited ?

5. 副词充当宾语补足语

例如：

(1) 请叫她进来。

Please ask her in.

(2) 我发现他出去了。

I found him out.

6. 名词充当宾语补足语

例如：

(1) 我们选他当人大代表。

We elected him a deputy to the National People's Congress.

(2) 宜人的天气使昆明成为最适宜居住的城市之一。

The pleasant weather has made Kunming one of the most agreeable cities to live in.

（二）利用英语中本身就具备使令意义的动词

英文中有些动词本身就含有使令意义。翻译中文兼语式时往往利用这些具有使令意义的词，从而使译文简洁、地道。例如：

1. 他的所作所为叫我们迷惑不解。

What he did puzzled us.

2. 不要让她激动。

Don't excite her.

此外，包含使令意义的动词还有：surprise、shock、astonish、astound、amaze、star、delight、anger、confuse、awe、alarm、annoy、displease、trouble、disturb、upset、bother、worry、interest、move、touch、thrill、bewilder、assure、dumbfound、mystify 等。

（三）译为英文的状语或状语从句

有些兼语式中，第一个动词表示"爱、恨、表扬、批评、感激、责备、埋怨、讨厌"等情感，而第二个动词说明这些情感出现的原因。翻译这类兼语式时，可以考虑将第二个动词译为状语或状语从句。例如：

1. 谢谢你帮助我。

Thank you for helping me.

2. 报上批评这位作家没有真实地反映生活。

Newspapers criticized the author because he failed to present a true picture of life in his works.

（四）译为定语从句

翻译兼语式时，有时可以将第二个动词译为定语从句的谓语动词，该定语从句的引导词通常为指人的关系代词。例如：

1. 我需要一个人来指导我学习中文。

I need someone who can help me with my Chinese study.

2. 我看到一个人和他的妻子在吵架。

I saw a man who was quarreling with his wife.

（五）灵活翻译

翻译兼语式时，有时还需要译者根据具体的上下文和英语的习惯用法灵活处理。例如：

1. 这部电影使亿万观众获得乐趣。

The movie gave delight to millions of people.

2. 他所做的一切叫我们大为感动。

We were greatly moved by what he had done.

3. 我劝你最好少管闲事。

You'd better mind your own business.

第三节　汉译英常用方法与技巧（二）

一、重复词语和重复结构的处理

在汉语和英语中，往往使用重复词语或重复结构来加强语气、求得句子的平衡、对称或达到其他表达效果，而所谓重复词语或重复结构是指在一个句子或相连的几个句子中重复使用同一个字、词语、结构或句子。

（一）重复

汉语中重复词语或重复结构，在翻译成英语时可以直接重复。例如：

1. 无论我们是否愿意，我们生活的世界在过去一百年间已经变化了很多，而且在未来的一百年里可能变化更多。

Whether we like it or not, the world we live in has changed a great deal in the last hundred years and it is likely to change even more in the next hundred.

2. 我真该一直保持联系，真的，我真该一直保持联系。

I should have kept in touch. Yes, I should have kept in touch.

3. 他身穿古板的套装，长着古板的尖下巴，古板的直鼻梁，说起话来一本正经。

He wore prim suits, had a primly pointed jaw, a primly straight nose, and a prim manner of speaking.

（二）省略

英语民族崇尚个体思维并认为整体只有与个体对立才能存在，反映在语言句上则重形合，用词造句讲究多样性。除非出于修辞需要，英语很少在句子中重复同一个词或结构，而往往采用替代和省略等手段来避免重复。因此，在汉译英中，常常需要省略汉语的重复部分。例如：

1. 玛丽喜欢甜食，而我不喜欢甜食。

Mary likes eating sweet foods but I don't.

2. 总之，这次比赛有能力的一定要参加，没有能力的就不要参加。

In brief, people with potential must take part in the contest and without otherwise.

以上两例都省略了重复部分的翻译，这说明英语中很多重复是可以省略的。

1. 省略动词

当汉语句子中动词重复出现时，英译常常可以省略动词或用助动词 do、does 和 did 来代替。例如：

（1）他只要想看电影，就会去电影院看。

He goes to see a film as long as he wants to.

（2）我已经洗完衣服了，你洗完没有？

I have finished washing my clothes，have you ?

（3）"汤姆的歌唱得不错。""是的，唱得不错。"

"Tom sings very well. ""Yes，he does. "

2. 省略名词

例如：

（1）在我看来，英式英语和美式英语区别不大。

From my perspective，there is no great difference between British and A-merican English.

（2）华东和华南地区的经济比华中地区要发达。

The economy in East and South China is more developed than that in the Central part.

3. 省略其他词

例如：

（1）我希望她很快乐，而且她看起来似乎很快乐。

I hope she is happy and she seems to be.

（2）老师的鼓励对于我英语学习的进步一直具有重要意义，而且将继续具有重大意义。

The encouragement of my teacher has long been，and continues to he，of immense significance for the progress of my English.

（3）每种艺术都有自己的表现手段。画家的表现手段是颜料，音乐家的表现手段是声音，作家的表现手段是词语。

Each art has its own medium：the painter his pigments，the musician his sounds，and the writer words.

（三）替换翻译法

1. 同义替换法

在汉译英中，同义替换的情况比较多。例如：

（1）他一辈子天不怕地不怕，可结婚后竟然怕起老婆来了。

All his life he had feared neither heaven nor earth，yet he was afraid of his wife after marriage.

（2）你弟弟妹妹都已经去看过她了，连你妹夫也去看过她了。

Your brothers and sisters have all been to see her，and even your brother —in law has visited her.

2. 代词替换法

例如：

（1）"你决定买我那套房子了？""买房子？我暂时还没考虑这个问题。"

"You have decided to buy my house，haven't you？" "Buy it？I do not consider this for the moment."

（2）不幸的是，科学并非这般运作。科学极少提供最终的答案。

Unfortunately，science doesn't work that way. It rarely arrives at final answers.

（3）阅读课上，老师给我们推荐了很多值得一读的小说。这些小说大多都是英国人写的。

In the reading class，our teacher recommended us a lot of novels worth reading. These are mostly composed by British people.

3. 用 so do、do so 等替换法

例如：

（1）你答应了和他一起合作就应和他一起合作。

You should cooperate with him，since you have promised to do so.

（2）来昆明一年多了，我已经基本适应这里的生活，我的室友们也适应了这里的生活。

I have adapted to the life in Kunming after coming here for more than one year，and so do my roommates.

4. 用 so、which、as 替换法

例如：

(1) "约翰回美国了吗?""我想应该是回美国了，又来了一位新外教教我们口语。"

"Does John return to America ?" "I think so, it's a new foreign teacher in charge of our oral English now. "

(2) 我们主张以学生为中心的教学方法，如今，这种方法越来越受欢迎了。

We support the student-centered teaching method, which is more and more popular now.

(3) 大学里一切都是和谐的，校园是和谐的校园，宿舍是和谐的宿舍。

Everything in university is harmonious, as are the campus and dormitory.

5. 其他词语替换法

在汉译英过程中，常常用 like、the same 等介词来代替重复出现的词语或结构。例如：

(1) 头戴和母亲同样的狗皮帽子，身套和母亲同样长过膝盖的大棉坎肩，脚穿和母亲同样的棉胶鞋。

Like my mother, the stranger wore a dog fur hat, a knee length cotton quilted vest, and rubber-soled cotton shoes.

(2) 他摇摇头，我也摇摇头。

He shook his head and I did the same.

（四）合并翻译法

当句子中重复出现某个词语或结构时，可以将其单独拿出来译一次，加在对应结构的前面和后面可以有效避免重复。例如：

我和你一样，有着相似的爱好，相似的教育背景，相似的人生经历。

I have the similar hobbies, educational backgrounds and life experience to you.

二、外位结构的处理

在汉语中，独立于一个完整的句子外，同时又和句中的某个成分指同一事物的成分叫作外位结构，它常附加在句首、句中或句尾，用逗号或破折号与句中其他部分隔开，与完整的句子的内部没有组织上的关系，即使把它移走，句子照样成立。外位结构与句子虽然在组织上没有关系，但语义是紧密相连的。使用外位结构的目的在于突出某一事物，以引起别人的注意，或为了简化复杂的长句，使之结构严谨，关系清楚。

英语中也有类似的表达方法，因此汉译英时，有的可以将汉语结构原封不动地套用过来，但由于汉英差异，有时外位结构的处理方法又有所不同。

（一）对应法

对应法指翻译过程中直接套用汉语的格式翻译成英语。例如：

1. 食用自己种植的蔬菜，自己动手砍柴取暖，这是我们向往的一种自食其力的生活。

To grow nearly all of our vegetables and cut enough wood to make it through the heating season, this is a serf-reliant sort of life that we are longing for.

2. 英国、美国、加拿大、澳大利亚，这些国家我都想去。

Britain, the United States of America, Canada and Australia—these countries are the places that I want to visit.

（二）拆分法

拆分法是指在翻译过程中将汉语外位结构改变为独立的句子或拆分为并列分句。例如：

1. 准备去赢、永不中断地学习、相信自己和想方设法显得与众不同。这是杰克面试成功的四大要决。

Prepare to win, never stop learning, believe in yourself and find a way to make difference. These are four key points for Jack's success in the job interview.

2. 洗衣机其实并没有使家庭主妇们摆脱繁重的洗衣劳作，相反，它们促使我们每天，而不是每星期换一次衣服，这使得熨洗衣物的工作量变成原来的 7 倍。

In reality, washing machines do not free women from toiling over laundry. Instead, they encourage us to change our clothes daily instead of weekly. This creates seven times as they encourage us to much washing and ironing.

（三）倒置法

倒置法即将由原文句中的主语指代的外位结构改变成表语，同时将原义的表语改变成主语，或将主语指代的外位结构转换成形式主语。例如：

1. 夏日里我们在河里游泳，在林子里野餐，骑着自行车长时间漫游，这是一种令人满足的生活。

It is a satisfying life that we swim in the river, go picnicing in the woods and take long bicycle rules in the summer.

2. 孩子上大学的学费、骑车维修、牙医账单，这是我们家的固定开销。

The usual expenses for our family are the college costs of children, car repairs and dental bills.

（四）还原法

还原法即将外位结构改变成句中的一个成分。例如：

1. 眼镜、宣传小册子、订单以及领带，作为推销员的波特每次出门都会带着这些东西。

As a salesperson, Potter always take his glasses, brochures, order forms and tie with him.

2. 金钱、荣誉和权力，在他眼中这些都不重要，最重要的是健康。

Money, honor and power now seem unimportant in his eyes, and the most valuable thing in the world is health.

三、习语的译法

习语是指人们长期以来使用的、形成简洁而意义精辟的、定型的词组或短句，其意义不是组成成分单项意义或字面意义简单的相加，而应通过结合了人类认知因素的约定俗成的方式整体加以理解。

由于地理、历史、生活习俗等方面的差异。英汉习语承载着不同的文化特色和文化信息，往往带有浓厚的民族色彩和地方色彩，但同时又由于各民族的文化和思维有着巨大的共核，因此英汉习语又有很多相似之处。

那么，汉英习语之间的对应情况如何呢？大致可以分为三类：第一类为基本对应习语；第二类为部分对应习语；第三类为不对应或基本不对应习语。

1. 基本对应习语

基本对应是指汉语习语和其相对应的英语习语在意义和用法上基本上是一致的，有可能互译，而且大多数情况下可以互译。例如：

汉语：一举两得，一石二鸟，一箭双雕。

英语：Kill two birds with one stone。

汉语：英雄所见略同。

英语：Great minds think alike.

2. 部分对应习语

部分对应是指汉语习语在意义上或用法上与英语习语有不一致的地方，但仍存在共同点，所以两者只是部分对应，在某些情况下仍可以互译。

汉语：狐假虎威

英语：donkey in a lion's hide

由于观察角度不同和联想不同，在表达相同或相近意义时，英语国家和汉民族会采用不同的动物词语。例如，上例中汉语"虎"的对应英语用"lion"表示。

《现代汉语大字典》中"虎"的解释为：猛兽名，猫科，头大而圆，前额有似"王"字斑纹，利牙巨口。体呈浅黄色或褐色，有黑色横纹，性凶猛，喜欢夜行，能游泳，捕食野猪、鹿、獐等动物，有时伤人。

英语中 lion（狮子）的定义为：a large yellowish—brown animal of the cat family that eats meat，and lives in Arica and parts of Southern Asia.

汉语中还有很多与"虎"相关的习语，用 lion 表示。例如：

拦路虎：lion in the way/path

母老虎：lioness

深入虎穴：beard the Lion in his den

虎头蛇尾：in like a lion，out like a lamb

老虎屁股摸不得：One should not twist the lion's tail.

但虎和 lion 之间也不是完全对应关系，如"笑面虎"常常译为"a wolf in sheep's clothing"。

3. 不对应或基本不对应习语

不对应或基本不对应习语指汉英习语在字面上有某些共同相似之处，但在整体意义和实际用法上相同之处很少或基本没有相同之处，这种情况下基本不可互译。例如：

汉语习语：拖后腿

英语习语：pull one's leg

从字面上看，pull one's leg 意为"拖某人的腿"，而实际上意思是"和某人开玩笑，使人相信虚假的事情"。再如：

汉语习语：儿戏

英语习语：child's play

两者字面之间有很大的相似对应性，而实际上，child's play 指"非常容易做的事情"，强调"简单容易"，而"儿戏"则是强调像孩子那样闹着玩，往往指对严肃的工作不认真负责。

由此可见，汉英习语之间有一定的相似性，但也存在很大差异，因此，在进行习语翻译时，要忠实地表达习语的原意，并尽可能地保持习语的想象比喻、联想效果和其自身的文化特点。

（1）直译法

所谓直译法是指在不违背译文语言规范以及不引起错误联想的条件下，在译文中保留汉习语的比喻形象、民族色彩和语言风格。汉语中一些典故性比较强的习语，尤其是汉英基本对应的习语，在能确切地表达原意和不违背目的语语言文化规范的条件下，还是以直译为佳。这样既可以使译文保持原文的语言风格，向译文读者介绍源语文化，又可丰富目的语的文化。例如：

天下乌鸦一般黑：all crows are equally dark

与时俱进：keep pace with times

扪心自问：lay the hand on the heart and examine oneself

背道而驰：to run in the opposite direction

大同小异：largely identical but with minor difference

火上加油：to pour oil on the flame

有其父必有其子：like father，like son

赔了夫人又折兵：to throw the helve after the hatchet

同时一些与历史典故有关的习语大量出现在汉英语言中，这些习语我们大都采取直译的方法。例如：

草木皆兵：every bush and tree look like an enemy

请君入瓮：kindly step into the vat

（2）意译法

当由于文化差异直译有困难或勉强译出会使读者无法理解时，一般采用意译法。意译法是指不保留原文的表达方式，而抓住主要内容和喻义，结合上下文比较灵活地传达愿意。如：

水深火热：live in great misery

出人头地：stand out

三十而立：a man should be independent at the age of thirty

打开天窗说亮话：frankly speaking

不远千里：go to the trouble of traveling long distance

纸包不住火：truth will come to light sooner or later

同时，来自汉英习俗差异方面的习语也多用意译法来翻译。最典型的莫过于在对狗这种动物的态度上。汉民族对"狗"的否定态度的文化心理自古有之。《说文解字》释"群"字时说"犬相得而斗也"，又说"羊为群，犬为独"。因此，在汉代汉语词汇中，由"狗"语素组成的惯用语往往多含有贬义，这些词语多表示鄙视、厌恶之意。例如：

狗眼看人低：be a bloody snob

狗腿子：henchman

狗拿耗子多管闲事：poke one's nose into other people's business

而西方中的 dog 与汉语中的"狗"的联想意义完全不一样，西方人都喜欢养狗，视狗为知己、伴侣，他们给狗上户口，供应狗的粮食，并且还专门辟有葬狗的墓地。在他们眼中，"狗"是 man's best friend，既可以用来看门，也可以视作人的伴侣和爱物，他们对于食狗肉很反感。狗在英语中大多场合是褒义，可用来形容值得同情信赖的人或事情好的一面，这和汉语大不一样。

英语中有关 dog 的惯用语很多，最显著的是用 dog 来指人。例如：

a lucky dog：幸运儿；

a sly dog：狡猾的人；

running dog：走狗；

top dog：胜利者。

Love me, love my dog. 爱屋及乌。

Every dog has his day. 凡人皆有得意之日。

（3）直译意译结合法

一些汉语习语，如果完全直译，不懂中文的人就会对译文莫名其妙，但若是全部意译又失去了原文的形象性，这时候可以采用直译意译相结合的翻译方法。例如：

贼眉鼠眼：to be have stealthily like a thief

走马观花：to look at flowers while riding on the hark of a galloping horse to give a cursory glance

（4）借译法

有的汉语习语和英语同义习语在内容和形式上都相符合，双方有相同的意义或大体相同的形象比喻和修辞色彩，这种情况下，我们依据汉语习语所表达的内容和意译在英语中借用或套用一个在内容和意义上接近的习语来作为译文。例如：

"谋事在人，成事在天。"咱们谋到了，靠菩萨的保佑，有些机会，也未可知。

Man proposes, heaven disposes. Work out a plan, trust to Buddha, and something may come of it for all you know. （《红楼梦》杨宪益，戴乃迭译）

英语中原本有 "man proposes. God disposes" 这一习语，译者稍做调整，用 "Heaven" 代替了 "God"，既保留了汉语文化中 "天" 的特殊含义，又巧妙对应了英语中的习语表达，可谓是一个绝好的妙译。

另外，还有不少套用英语习语的例子。例如：

泼冷水：throw cold water oil

浑水摸鱼：to fish in the troubled water

本末倒置：put the cart before the horse

留得青山在，不怕没柴烧：Where there here is life, there is hope.

时不我待：Time and tide wait for no man.

有钱能使鬼推磨：Money makes the mare go.

出生入死：Go through fire and water.

有情人终成眷属：Jack shall have Jill, all shall be well.

四、正说与反说

由于不同国家、不同民族有不同的思维习惯和文化背景，其语气也有不同的表达方式和搭配规律。汉语和英语中均有从正面或反面来表达一种概念的现象。但汉英两种语言的表达方法不尽相同，如在表达否定意义时，汉语没有严格意义上的形态变化，表达形式简单易辨，句子中常常含有明显的否定标志词 "不" "无" "莫" "非" "没有" 等。而英语则不同，其否定形式要复杂得多，除了用否定词 not，no 以外，还有一些独特的手段，如：使用否定词缀（如 un-、im-、in-、non-、dis-等）或形式肯定而意义否定的特有词汇（例如：fail、miss、ignore、beyond、exception 等），词组（例如：instead of、other than 等）。

（一）正话反说

由于汉英两种语言和思维之间的差异，汉语中由肯定形式（正说）表达的句子常常转换成否定形式（反说）。例如：

1. 他虽然想了很多办法，问题依然存在。

The doubt was unsolved though he tried a lot.

2. 家里实在太困难了，安娜只好放弃学习。

Anna has no choice but to give up her study because of her poverty, stricken family.

3. 英语并不难学，你只要下点功夫，就一定能学好。

It is not difficult to learn English and what you need nothing but hard work.

4. 那是一座危楼，你还是搬出来吧。

That is an insecure building，so you had better move out.

5. 他十分勇敢。

He is no coward.

从以上例子可以看出，英语中有一些用 no、not、nothing 或带有 de－、dis－、im－、in-、un-、less－等词缀的词，而在汉语里却没有使用"不""非""无""没有""未""否"等字。这一点应根据上下文选用一种能更确切表达原文意思内容的说法。

同时，为了加强语气或者更好地表达原文的意思，也常常采用正话反说的方式。将原文的肯定形式转换成否定形式。例如：

1. 你失业的事，我会替你保密的。

I will not let it out that you have lost your job.

2. 后天下午的会议，我院教师统统都要参加。

Teachers, with no exception, are required to come to the meeting the day after tomorrow.

3. 我非常赞成你的看法。

I could not agree with you more.

4. 刘德华是我妹的偶像，他的电影每场必看。

My young sister never missed a film of Andy Liu，because he is her idol.

此外，英语中还有一些固定词组，形式上为否定，而实际意义为肯定，因此在汉译英过程中也常常采用正话反说的翻译形式。例如：

1. 在开车时，你一定要小心谨慎。

You cannot be too careful while driving.

2. 我刚到家电话铃就响了。

No sooner did I get home than，the telephone rang.

（二）反话正说

反话正说指翻译过程中用肯定形式来表达原文否定意义的词或句子。英语中有很多表示否定和半否定含义的词语，因此在翻译过程中，经常可以使用这些词语来反译汉语的否定句。例如：

1. 学外语远非你想象的那般轻松。

It is far from easy to learn a foreign language as you imagine.

2. 你是我最不想见的人。

You are the last person I want to see.

从以上例子可以看出，为了在保持原文内容不变，而译文更符合目的语读者的思维习惯，在翻译时，原文的否定意义均用含有否定或半否定语气的词语表达。常用的有：

（1）动词：fail、miss、lack、ignore、refuse、deny、overlook 等。

（2）名词：absence、tailure、ignorance 等。

（3）形容词及形容词短语：few、little、free from、far from、safe from、short of 等。

（4）副词和副词短语：little、otherwise、too…to 等。

（5）连词：unless、before、until、(rather) than、or 等。

（6）介词和介词短语：without、above、except、beyond、instead of、out of 等。还有一些含有半否定语气的词，如 seldom、barely、hardly、scarcely、rarely 等。

此外，为了达到一定的修辞效果，或者使语气更委婉，也可采用反话正说的翻译法。

1. 俗话说，"男儿有泪不轻弹，皆因未到伤心处"。

As the old saying goes, men only weep when deeply hurt.

此句译文简洁对称，就是为了再现汉语原文的蕴意，达到较好的修辞效果，如果将之译成"Men never weep, because they do not feel so sad.", 则会索然无味。

2. 奶奶昨天不在了。

My grandma kicked the bucket yesterday.

汉语原文中用"不在了"委婉表达"死"的含义，对应英语译文若直接用 die，与原文风格保持不一致，故选用 kick the bucket 更合适一些。

当然，在通常情况下，汉语句子英译时，有时可以翻译成英语的否定形式，也可以译成英语的肯定形式。具体选择什么样的形式，还是要根据上下文的具体语境。例如：

1. 他仍然没有弄懂我的意思。

He still could not understand me.

He still failed to understand me.

2. 书架上的那本书我拿不到。

I cannot reach the book on the shelf.

The book on the shelf is out of my reach.

第四章　特殊词语和句子的翻译

第一节　颜色词语的翻译

英语和汉语中都有大量表示颜色的词汇，如汉语中有赤、橙、黄、绿、青、蓝、紫，英语中也有 red、white、black、green、yellow、blue 等。不过，由于各民族文化风俗、地理位置、历史传统、宗教信仰、民族心理、思维习惯等方面的差异，颜色词语有时又表现出各民族独特的"个性"，带有显著的文化烙印。要做好颜色词语的翻译，就要了解颜色词语在英汉两种语言中的不同含义。

一、red（红色）

（1）在英语和汉语中，红色有时可以完全对应，因为无论是在使用英语的国家还是在中国，红色往往与庆祝活动或喜庆日子有关。因为日历中，这些日子常用红色字体，因此，red letter day 指的是"纪念日"或"喜庆的日子"。又如，红旗（red flag）、红酒（red wine）。红色还指"负债"或"亏损"，因为人们总是用红笔登记负数，如 red figure（赤字）、red ink（赤字）、in the red（亏损）等。

（2）有时，red 有特殊的含义。例如：

red cent 一分钱

red gold 纯金

red tip on stock market 指股票市场的最新情报

（3）有时，汉语和英语中的红色又不完全对应。例如：

红糖 brown sugar

红茶 black tea

红榜 honour roll

红豆 love pea

红运 good luck

红利 dividend

红事 wedding

红军 the Chinese Workers and Peasants' Red Army

红火 auspicious

满堂红 auspiciousness

火灾 red ruin

血战 red battle

彩霞 red sky

红字 The Scarlet Letter

（4）红色对中国人和英美人而言，有时会产生不同的理解，因为红色在汉语中表示喜庆、吉祥，但在英语中有时表示暴力、流血、危险。例如：

When your boss raises his voice, remember it is always a red flag and you'd better shut your mouth.

当你老板提高嗓门时，该记得那是危险的信号，最好少说废话。

The murderer was taken red-handed by the police last night.

杀人凶手在昨晚当场被捕。

Whenever anyone makes critical remarks about his manner, he always sees red.

不管什么时候人家批评他的风度时，他总是气得要命。

因此，对 red 一词翻译时应加以注意，如中国古典名著《红楼梦》的英译为 *The Dream of Golden Days*。

二、white（白色）

白色（white）在汉语和英语的联想意义中都有纯洁和清白的意思，但也有一些含义上的不同。例如，汉民族文化中，白色与死亡、丧事相联系，如"红白喜事"中的"白"指丧事（funeral），表示哀悼。但在英语文化中，white 表示幸福和纯洁，如新娘在婚礼上穿白色礼服，代表爱情的纯洁和婚姻的贞洁。

英语中的 white 有时表达的含义与汉语中的"白色"没有什么关系，例如：

a white lie 善意的谎言

the white coffee 牛奶咖啡

white man 善良的人，有教养的人

white-livered 怯懦的

white elephant 昂贵又无用之物

汉语中有些与"白"字搭配的词组，实际上与英语 white 所表示的颜色也没有什么联系，而是表达另外的含义。例如：

白开水 plain boiled water

白菜 Chinese cabbage

白字 wrongly written or mispronounced character

白搭 no use

白费事 all in vain

三、black（黑色）

黑色（black）在英语和汉语两种语言文化中的联系意义大致相同。例如，黑色是悲哀的颜色，英美人在葬礼上穿黑色服装，中国人在葬礼上戴黑纱。英语中的 Black Friday 指耶稣在复活节前受难的星期五，是悲哀的日子。black 在英语中还可引申为阴郁的、怒气冲冲的、充满仇恨的。例如：

black in the face 脸色铁青

to look black at someone 怒目而视

in a black mood 情绪低落

a black mark 令人不满意之处

另外，黑色在汉语和英语中都有"阴险""邪恶""坏"的含义，不过翻译时不一定用"黑"或 black 的字眼。例如：

黑心 evil mind

黑手 evil backstage manipulator

黑幕 inside story

黑线 a sinister line

黑货 smuggled goods

black sheep 害群之马

black day 凶日

black future 暗淡的前途

Black Hand 黑手党

black money 黑钱（指来源不正当而且没有向政府报税的钱）

black market 黑市交易或黑市（意为暗中进行政府禁止买卖的商品或外汇的交易，或指进行违法的投机市场），由此派生出 black market price，意思为"黑市价格"。

另外，英语中，由于和红色墨水是记账时的意思相反，黑色还可表示盈利。例如：

black figure［in the black］盈利，赚钱，顺差

black figure nation 国际收支顺差国

interest in the black 应收利息

四、blue（蓝色）

蓝色（blue）在汉语中的引申意义较少，而在英语中 blue 是一个含义十分丰富的颜色词。在翻译与这一颜色有关的表达时，应该注意其中的特别含义。

（1）英语的 blue 常用来喻指人的"情绪低落""心情沮丧""忧愁苦闷"，如 in a blue mood 是"情绪低沉"的意思。请看以下例句。

They felt rather blue after the failure in the football match.

球赛踢输了，他们感到有些沮丧。

You look blue today, what's wrong with you?

你今天看起来闷闷不乐，出了什么事?

That was a blue Monday.

那是个倒霉的星期一。

（2）blue moon 或 once in a blue moon 喻指"罕见之至，极不可能"，因为月亮不可能是蓝色的，所以此习语才有"千载难逢"的意思。

（3）blue 在英语中有时用来指"黄色的""下流的"意思，而汉语中则用黄色来形容。例如：

blue talk 下流的言论

blue video 黄色录像

（4）有时 blue 又有社会地位高、出身名门的意思，如 blue blood（贵族血统）、blue-eyed boys（受到管理当局宠爱和特别照顾的职工）等。例如：

He is a real blue blood.

他是真正的贵族。

五、yellow（黄色）

黄色是英汉两种语言中差别较大的词汇。在汉语中，由于历史原因，黄色有"皇族""贵族"的意思，如"黄袍加身"等。而英语中用 purple 来表示贵族，如 to raise to the purple（升为红衣主教），to be born the purple（生于帝王之家），to marry into the purple（与皇室或贵族联姻）等。另外，现代汉语中黄色也象征低级趣味、色情、猥亵的意思，如"黄色电影""黄色书刊"等。而在英语中，yellow 则表示胆小、卑微的意思，因此翻译时要多加留意。例如：

blue film 黄色电影

a yellow dog 可耻的人，卑微的人

a yellow livered 胆小鬼

He is too yellow to stand up and fight. 他太软弱，不敢起来斗争。

英语中的黄色还用来作为事物的特定颜色。例如：

yellow pages 黄页（电话号码簿，用黄纸印刷）

yellow book 黄皮书（政府报告，黄色封面）

yellow boy（俗语）金币

六、green（绿色）

绿色（green）在英语中表示"新手""不熟练"，如 green hand（生手）。例如：

The new comer is green at typing.

新来的那人打字不是很熟练。

You can't depend on Jim, he is very young and as green as grass.

你别指望吉姆，他太年轻并且没有经验。

英语中"嫉妒""眼红"用 green 来表达，如 green with envy（嫉妒）；汉语却用"红"来表达，如"眼红"或"害了红眼病"。

另外，由于美元纸币是绿颜色的，所以 green 在美国也指代"钱财""钞票"或"有经济实力"等意思。例如：

In American political elections, the candidates that win are usually the ones who have green power backing them.

在美国政治竞选中获胜的候选人，通常都是些有财团支持的人物。

第二节　数词的翻译

在翻译中，我们时常也会碰到数词的翻译。由于英汉两种语言在表达数字以及倍数增减方面存在一定的差别，因此，对数词的翻译也应多加注意。

一、英语数词表达特点

（1）1 至 10 用单词表示，10 以上的数目用阿拉伯数字。

（2）大数目用阿拉伯数字表示，这样更简洁明了，但不定数量、近似值用单词表示。

（3）日期、百分比等特殊数字，常用阿拉伯数字表示。

（4）在数字频繁出现的科技文章中，常用阿拉伯数字。

（5）句首、句末尽量不用阿拉伯数字。

二、常见数词的翻译

英语数字的表达与汉语数字的表达方式不同。因此对基本数词的翻译十分必要，也是做好翻译的基础之一。例如：

ten thousand 一万

one hundred thousand 十万

ten million 千万

one hundred million 亿

one billion 十亿（美式英语）

ten billion 百亿

one hundred billion 千亿

one trillion 万亿

三、概数的翻译

概数是用来表示大概情况的数字，如汉语中的几个、十来个、若干、大约、大概、左右、上下、约有、不到、多于、少于等概念，在英语中也能找到与之对等的词。

（一）表示"大约""不确定"的翻译

在英语中，一般常使用 about、some、around、round、nearly、towards、somewhere about、estimated、approximately、in ［of、on］the border of、close to 等词语修饰数字，表示"不确定""大约""上下""将近""几乎"等。例如：

He's about the same height as you.

他大约像你那么高。

She nearly won the prize.

她几乎得到头奖。

He received a sum in the neighborhood of 500 dollars.

他收到了大约 500 美元的一笔钱。

The temperature today is 25℃ or so.

今天的温度大约 25℃。

Mr. Smith arrived around five o'clock.

史密斯先生五点钟左右到的。

（二）表示"高于""多于"的翻译方法

英语常用 more than、over、above、past、or more、upwards of、higher than、exceed、excess of 等词修饰数字，表示"超过""以上""有余""高于""多于"等。例如：

They made more food than could be eaten at one time.

他们做的东西一次都吃不完。

The river is over fifty kilometers long.

这条河长五十多公里。

Applicants must be over ［above］the age of 18.

申请人年龄必须超过十八岁。

She was charged an excess of 4 dollars over the amount stated on the bill.

她交的钱比账单上多出四美元。

The number admitted must not exceed 200.

容纳的数目不得超过 200。

She's past her thirties. ［She is at least 40.］

她至少四十岁了。

（三）表示"少于""差一些""不到"等的翻译方法

英语常用 less、less than、below、no more than、under、short of、off、to、within 等词修饰数字，表示"少于""不到""以下"等。例如：

It seems less of a threat than I'd expected.

威胁性比我预料的要小。

The standard of his work is well below the average of his class.

他的成绩大大低于班上的平均成绩。

This book is no more expensive than that one.

这本书并不比那本贵。

The shopkeeper gave us short weight.

店主给我们的分量不足。

All shirts are 10% off.

所有衬衫一律九折。

The price of this machine is no more than 200000 dollars.

这部机器的售价不足 200000 美元。

I have a house within a mile of the station.

我在距火车站不到一英里有一处房子。

四、倍数的翻译

我们首先讨论英语常见倍数句型及汉译。

（一）倍数增加的译法

英语中表示倍数增加时，常常要把基数包括在内。增加的倍数通常指现在的数量为原来数量的倍数。译成汉语"增加到若干倍""为……的若干倍"或"若干倍于……"这种句型时，可将原文中数字照旧译出；若译成"增加（了）若干倍"这种句型时，通常要把原文中的数字减去 1。

1. A is n times as great〔long、much、heavy、large……〕as B

A is n times the size〔length、amount、weight……〕of B

A is n times greater〔longer、heavier、larger……〕than B

以上两个句型都可以译为"A 的大小〔长度、数量、重量……〕是 B 的 n 倍"，或 A 比 B 大〔长、多、重，……〕(n-1) 倍。例如：

The steel output of this year is four times as great as that of last year.

今年的钢铁产量是去年的四倍。

This film is two times as long as that one.

这部电影的长度是那部的两倍。

Kuwait oil wells yield nearly 500 times more than U. S. wells.

科威特油井的产油量几乎是美国油井的 500 倍。

This room is three times larger than that one.

这个房间是那个房间的三倍大。〔这个房间比那个房间大两倍。〕

2. 表示增加意义的动词＋倍数

increase〔raise、grow、step up〕... n times

increase〔raise、grow、step up〕... to n times

increase〔raise、grow、step up〕... by n times

increase〔raise、grow、step up〕... by a factor of n

可以翻译为"增加到 n 倍"或"增加了（n-1）倍"。例如：

The population of this country has increased by a factor of four.

这个国家的人口已经增长了 3 倍。

The number of the students in our class has increased more than twofold.

我们班的学生人数增加了一倍多。

The input on education has raised five times as against 2003.

对教育的投资比 2003 年增加了四倍。

3. 表示倍数意义的词＋宾语（或表语）

英语中表示倍数意义的动词主要有 double（变成两倍）、treble（变成三倍）、quadruple（变成四倍）等。这些词也能当形容词使用。作不及物动词时，后面没有宾语或表语。例如：

The efficiency of the machines has been more than trebled.

这些机器的效率已提高了两倍多。〔这些机器的效率是以前的 3 倍。〕

The population has nearly quadrupled in twenty years.

人口在 20 年中增加了近 3 倍。

（二）倍数减少的句型及汉译

1. A is n times as small（light、slow...）as B

A is n times smaller (lighter、slower...) as B

翻译为 "A 的大小 [重量、速度……] 是 B 的 1/n, 或 A 比 B 小 [轻、慢……] (n-1) /n。例如:

The hydrogen atom is 16 times as light as the oxygen atom.

氢原子的重量为氧原子的 1/16. [氢原子的重量比氧原子轻 15/16。]

This kind of board is twice thinner than that.

这种板材比那种要薄一半。[这种板材是那种厚度的 1/2。]

2. decrease [reduce、fall、lower...] n times/n-fold

decrease by n times

decrease by a factor of n

以上句型翻译为 "减少到 1/n, 或减少 (n-1) /n", 例如:

The cost decreased by 40%.

成本下降了 40%。

This new process used 35% less fuel.

这种工艺少用了 35%的燃料。

The equipment reduced the error probability by a factor of 5.

该设备误差概率降低了 4/5。

The enterprise management expenditure this year has decreased by three times as against that of 2002.

该企业今年的行政管理开支比 2002 年降低了 2/3。

3. …/n+fold decrease [reduction...]

这个句型应译为 "减至 1/n, 或减少到 (n-1) /n"。例如:

The principal advantage is a four fold reduction in volume.

主要优点是体积缩小了 3/4。

下面我们来讨论把汉语倍数英译的问题。

汉译英时, 基本遵循以上方法, 但是有时汉语中提到倍数减少时, 常用到 "减少了几分之几或百分之几", 而英语则没有此类表达。因此, 要想将汉语此类表达译为英语倍数表达时, 可以参考以下原则。

(1) 将 "减少了几分之几 (减少到几分之一)" 译为英语时, 将分母作为倍数。例如:

减少了 1/2 (减少到 1/2) reduce by half (习惯用法)

减少了 2/3 (减少到 1/3) reduce 3 times

减少了 4/5（减少到 1/5）reduce 5 times

（2）将"减少了几分之几（但不等于减少到几分之一）"译为英语时，用分母除以 分母减分子的得数作为倍数。例如：

减少了 1/3（减少到 2/3）reduce 1.5 times

如果除不尽时，则直接用"减少意义的谓语＋by＋分数/百分数"来表示。例如：

减少了 2/5（减少到 3/5）reduce by three-five

第三节　常用汉字的英译

在汉译英中，我们经常会发现某些词语不好翻译，特别是一些常用词，同一个汉字译成英语，有各种不同的译法。

一、"好"的种种翻译

汉语"好"字的意思很多，有表示优点多或使人满意的，与"坏"相对的意义；有表示身体康健，疾病消失，生活幸福；有表示友爱，和睦；有表示应允、赞成等意思。而我们常见的表示"好"的意义就有各种不同的翻法，应引起足够的重视。例如：

做人，你还是不欠人家的情分的好。

It was better when you didn't owe anybody.

他拥有好几家电影院。

He owned a couple of movie houses.

这条隧道对西区有好处，你可以在那儿另买一块地皮。

This tunnel will be a good thing for the West Side and other land you may own over there.

把活干好需要时间和劳力。

To do good work requires time and pains.

其中有些还相当好吃。

They include many that are highly palatable.

根本不用活下去了，坟墓的空虚比那不断啮咬着她心的阵阵悲痛要更好一些。

No life at all, the blankness of the grave was preferable to the pangs gnawing continually at her heart.

还好，这场大水没有把堤坝冲坏。

Fortunately, the flood did not break the dike.

画家也好，作家也好，他们的作品都是训练和准备之后的结果。

Everything that a painter did or that a writer wrote was a part of his training and preparation for what he was to do.

由以上例句可知，对于汉语的"好"不能一味地译成 good、well，而应根据上下文译成不同的英语。

二、"吃"的各种翻译

一提到"吃",我们就会想到 eat 或 have。实际上,很多情况下并不需要用 eat 来表达。例如:

他很少吃早餐。

He seldom eats breakfast.

我穿好衣服后就吃早餐。

After I get dressed,I will have breakfast.

我吃药后现在感觉好多了。

Now I feel much better after taking a pill.

菜好吃极了。

The food is delicious.

其中有些还相当好吃。

They include many that are highly palatable.

她喜欢吃冰激凌吗?

Does she like ice-cream?

讲一句话也吃力得要命。

To make a sentence was an overwhelming effort.

你如果想在吃晚饭前赶到家,就得加快步伐。

You must mend your pace if you would reach home by dinner time.

你的东西没吃完。

You've left your food.

我大概会在 12 点和同事一起出去吃午饭。

I'll probably go out for lunch with my colleagues at twelve.

父母有义务供给子女吃穿。

Parents were obliged to supply their children with food and clothing.

三、"看"的汉译英

英语中表示"看"的词有很多,如 see、look、glimpse、examine、inspect、observe、notice 等。例如:

我们看了一个故事片,还看了一个动画片。

We saw a cartoon in addition to a feature film.

双胞胎看上去长得一样。

Twins look the same as each other.

你能看出他们论点中的谬误吗？

Can you spot the flaw in their argument?

我只是瞬间看到他一眼。

I got only a fleeting glimpse of him.

他们宣称看见了那架飞机。

They reported sighting the plane.

下星期我要去看我的外婆。

I will go to visit my grandmother next week.

我注意到她脸上悲痛的痕迹。

I noticed scores of sorrow on her face.

看来他很乐意接受。

He seemed to take it in very good part.

我过去看一看。

I'll go over and take a look.

高贵者不应该看不起卑贱者。

The palace should not scorn the cottage.

大千世界中的五光十色千变万化的景象被人看作是理所当然的。

The panorama of color and action which fills the world is taken for granted.

我能相信。即使不看我也知道。

I believe it. Even without looking.

四、"一群"的多种译法

英语中表示"一群"的单词有很多，如 crowd、group、troop、pack、flock 等。汉语中，"一群"的含义为"聚在一起的人或物"。而在英语中，"一群"的表示法却十分讲究且各有褒贬，在翻译过程中需要十分小心。

首先，介绍与人有关的"一群"，表示中性或褒义的"一群"的量词如下：

（1）crowd 是英语中表示"一群"最基本的词，指一群聚集起来的、无组织的、拥挤的人群。例如：

一大群人在剧院门前转来转去。

There's a huge crowd of people milling around in front of the theater.

（2）group 是个多功能的词，几乎可以表示所有的群众概念。但修饰人时，通常指一群因公共利益、目的或任务而结合在一起的人。从数量上讲，一般小于 crowd 所表示的"一群"，而且无拥挤之意。例如：

她同一群女孩子一起来。

She came in company with a group of girls.

（3）troop 通常指聚在一起活动的、生气勃勃的一群人。例如：

楼梯上有一群男男女女的孩子们。

On the stairs were a troop of little boys and girls.

（4）bevy 特指女性的"一群"，有时指鸟类，尤指鹌鹑或云雀。例如：

舞台上，一群女演员正在唱歌和跳舞。

On the stage，there is a bevy of actresses singing and dancing.

（5）party、bunch 等也都可以表示"群"。例如：

一辆古旧的大客车在一条干涸的河床边停下，一群著名男女演员下了车。

An ancient bus stopped by a dry river bed and a party of famous actors and actresses got off.

一群孩子在玩。

A bunch of children were at play.

表示贬义的"一群"的量词如下：

（1）mob 通常指一群企图采用暴力行动的无组织的人群。例如：

警察面对一群投掷砖块和汽油弹的暴民。

The police faced a mob of throwing bricks and petrol bombs.

（2）horde 原意指游牧部落，指人群时常含有轻蔑色彩。例如：

一群懒汉聚在一起无所事事。

A horde of lazy-bones huddled together doing nothing.

（3）band 通常指在某人指挥下为共同目标而一起做事的一群人。例如：

一群强盗抢劫了火车。

A band of robbers held up the train.

（4）gang 通常指在一起工作的人群，尤指奴隶、犯人或为干坏事而结成团伙的人。例如：

一群罪犯抢劫了银行。

A gang of criminals raided the bank.

下边介绍一些与动物有关的"一群"。

（1）flock 一词通常指动物的自然类群，如飞鸟、家禽、牲畜等。例如：

一群野鹅从头顶飞过。

A flock of wild geese flew overhead.

（2）herd 通常指一起吃食或行走的大动物的群体，尤指牛群。例如：

昨天我们见到了一群大象。

We saw a herd of elephants yesterday.

（3）pack 一词通常指一群一起追猎的食肉动物，有时也指飞禽。例如：

我要养一群猎狗，还要每天喝一瓶酒。

I would keep a pack of foxhounds, and drink a bottle of wine every day.

（4）swarm、cluster 通常指昆虫类的一群，而 swarm 尤指蜂群。cluster 除了有"一群"之意外，还有"一串""一束"等意。例如：

这儿蚊虫成群。

There were swarms of mosquitoes around here.

我们看见了一群离地球大约 5 亿光年的星系。

We saw a cluster of galaxies about 500 million light years from Earth.

注意：swarm 和 cluster 也可以用来指人。例如：

她离开时一群摄影记者围着她。

She left amid a swarm of photographers.

女演员周围簇拥着一小群崇拜者。

There was a little cluster of admirers around the actress.

从以上例句可见，在翻译汉语中的"一群"时，不要都翻译成 group、crowd，应根据不同的名词选用不同的量词。

第四节　文化词语的翻译

文化词语也叫文化负载词语，指的是那些在其原始意义或概念意义之上，蕴含丰富社会文化意义的词语。换言之，也就是那些不能直接从字面上理解意义的，有丰富文化内涵的，具有固定文化意义的，表现出一个民族特点的词语。文化词语又称词语空缺，即源语词汇所承载的文化信息在译语中没有对应语。中国历史悠久，文化词语众多。在汉英翻译实践中，如何使这些文化词语在英文中得到最大限度、最大可能的再现，使英语国家读者更多地了解中国文化，就成了汉英翻译中译者必须认真对待、细心揣摩的问题。下面我们先看一看文化词语的特点，然后谈谈文化词语的翻译方法。

一、文化词语的特点

文化词语是一个民族的物质文化、制度习俗文化和精神文化对其语言词汇系统影响和制约的产物。因此，我们可以把文化词语分为以下三大类：制度习俗文化词语、物质文化词语和精神文化词语。

（一）制度习俗文化词语

不同的社会有不同的风俗习惯、历史背景和政治特色，这便形成了独具本民族特色的制度风俗文化词语。制度习俗文化词语包括与社会制度、风俗、礼仪、人名、称呼等相关的词汇。

（1）社会制度

中国古代政治制度产生了与其相应的各种官爵和职位名称，如刺史、太守、太监、太尉、侍郎等。现代政治制度也产生了许多特定的文化词语，如市场经济、小康社会等。《红楼梦》第四回里有一句话"李氏父名李守中，曾为国子祭酒"，其中"国子祭酒"就是一官职名称，即封建王朝中央教育机构的主考官。这类词语在英语中找不到对等或类似的词汇。

（2）风俗习惯

中国几千年的历史形成了多种多样具有中华民族特色的风俗习惯。例如，封建社会女子出嫁要"开脸"，即绞除脸上的汗毛，描画眉毛鬓角；出嫁后女子要回娘家看望父母，叫作"归宁"；清明等时节，人们要到祖坟祭祖扫墓；古代出师打仗须于庙堂举行仪式，协商讨论，以测算战争胜负；还有中国传统节日——春节、元宵、中秋、重阳等，不一而足。

（3）称谓称呼

汉语中一些称呼语也是独具汉文化特色，很难在英语中找到对应的说法。例如，一个人可以称邻居妇女为"王二婶""王嫂"；称呼陌生人为"大哥""小妹妹""老先生""师傅""小朋友"等；可以称呼老师为"某老师"，对和尚可以尊称为"禅师"等。在中国古代，主仆之间为了表示亲热也可以称"姐妹"，如《白蛇传》中，小青称白娘子为"姐姐"，封建社会大家庭雇用的保姆称为"嬷嬷"或者"妈妈"。

（4）姓名用语

中国人的姓名一般包括姓和名，往往还有小名，古代人除了姓与名以外，还有表字、号等。表字，通常是二十岁成人时根据人名中的字义而取的别名，而别号则是名和字以外另起的自称，常被文人画客用来题诗作画署名。例如，三国时期的曹操，字孟德；唐代大诗人李白，姓李名白，字太白，号青莲居士；而《红楼梦》第一回就有这样一句话：甄士隐正在痴想，忽见隔壁葫芦庙内寄居的一个穷儒——姓贾名化，表字时飞，别号雨村的——走来。

（二）物质文化词语

物质文化是通过人们制作的各种实物、产品表现出来的，包括建筑物、服饰、食品、工具、用品等。汉英民族资源条件、生活习惯等各不相同，所用物质也有很大差异。汉文化中一件很普通的东西，在英语民族文化中也许是缺项。即使同一样东西引起的联想也未必一致。

（1）食物

中国的饮食文化源远流长，特色鲜明，形成了丰富多彩的饮食文化。食物的种类、烹制方法等五花八门，与英美国家有很大区别。中国最普通的食物如馒头、饺子、窝窝头、粽子等，在英语中都找不到对应的说法，所以只能分别翻译成"steamed bread""jiaozi""Wowotou""Zongzi"，用音译或者意译的办法将其译出。

（2）服饰

中国的传统服饰与西方大有区别、别具一格，洋溢着浓郁的民族特色。例如，中国妇女传统穿的一种漂亮开衩的"旗袍"，已经成为标志性的经典中国服装。清代我国多数人穿的"对襟衣"，20世纪六七十年代我国男子流行穿的"中山装"等，在英语文化中均无处可寻。现在一般把"旗袍"译为

"Cheongsam"，把"中山装"译为"Mao's suit/jacket"，而"对襟衣"则可意译为"mandarin coats"或"button-down jackets"。

（3）物品

中国人的生活传统、建筑风格、饮食起居方式、日常用品风格等也具有鲜明的中国特色。例如：加工食物用的筛子（boult），吃饭用的筷子（chopsticks），写字画画用的宣纸（rice paper）、砚台（ink stone）、毛笔（brush），古代人身上背的褡裢（a pouch worn at the girdle；long, rectangular bag worn round the waist or across the shoulder），等等。这些词有的可以意译，而有的却似乎只能用很多文字释义。

（三）精神文化词语

精神文化是通过人们的思维活动所形成的方式和产品表现出来的，包括思维方式、审美趣味等。较之物质文化和制度习俗文化，精神文化处于更精深的层面，在语言中的反映也更为广泛。

（1）价值观念

儒家思想在中国两千多年封建社会中一直占统治地位，它所提倡的一些价值观念早已深入中国人的骨髓，如仁、义、礼、智、信，三纲五常，尊卑有别，长幼有序，等等。

（2）审美趣味

一些表示动植物的词语在汉文化中具有特别的文化意义。如说到龙和凤，人们会联想到祥瑞、富贵；提到龟、鹤，人们自然会联想到长寿；提到狗，人们会想到忠诚；提到鸳鸯、蝴蝶，人们会联想到忠贞的爱情；提到桃花，人们会联想到春天盎然的生机以及美丽多情的女子；提到松、竹、梅，人们会联想到"岁寒三友"，象征人的高洁品德；提到莲，人们会想到周敦颐的《爱莲说》，象征清廉独慎，出淤泥而不染等。

二、文化词语的翻译

翻译中词语文化内涵的处理是个十分复杂的问题。王佐良先生曾指出：译者处理的是个别的词，他面对的则是两大片文化。理论上讲，内容和形式二者必须兼备，但无论我们用任何手段、任何方法都不可能做到文化词语形式、内容及意义的完全对应，跨文化的翻译只能在使译文最大限度接近原文的基础上进行。因此，在翻译文化词语时，我们应遵循以下原则：①优先考虑源语词汇意义的再现而非形式的对应；②选词必须考虑源语词汇所处的语境；③源语词汇关键的隐含意义在译文中应能传递给译文读者。

翻译文化词语大体上有三种方法：音译法、直译法和意译法。

（一）音译法

对于汉语文化词语的英译，采用汉语拼音音译的方法是最常见的一种翻译策略。由于源语词汇所承载的文化信息在译语中没有"对应语"或"对等语"时造成的词汇空缺，翻译时无法用准确贴切的词语译出词义内涵，因此只得采取音译的办法，遵循物从主人、名从主人的"异化"翻译策略，以最大限度地保留中国传统文化的特色和民族语言的风格。

在具体翻译实践中，音译法除了直接音译法以外，还包括音译加解释法和音译加注释法。

1. 直接音译法

汉语中有少数文化词语在英语中已经有现成的、被广泛接受的音译形式，这些音译的词语已经进入英语词汇系统，可以直接音译。

（1）一些食品、物品的名称

豆腐 toufu 饺子 jiaozi 算盘 suanpan 麻将 mahjong 荔枝 litchi

（2）度量衡及货币单位

斤 jin 两 liang 亩 mu 里 li 元 yuan

（3）人们所熟知的中国传统文化术语

功夫 kungfu 武术 wushu 太极 taiji 气 qi

（4）影响较大的思想家

孔子（孔夫子）Confucius 老子 Laozi

当然，文化词语采用汉语拼音音译这一翻译策略有很大的局限性。由于汉语文化词汇具有鲜明的民族文化特征，本民族的读者因为与原文的作者拥有相同的文化背景，所以能够通过词的表面形式来评解交际信息的全面内容，而外国读者如果对中国文化不熟悉，就不能理解词的含义。如把"中书舍人"译为 Zhongshu Sheren，英美读者会不知所云。因此，在采用直接音译法时一定要慎重，只有那些英语国家读者已经熟知的文化词语才能用此方法翻译。

2. 音译加解释法

正因为直接音译的方法有很大的局限性，在很多情况下，英语读者很有可能按照自己的文化预设来理解原文词汇，从而产生与原文词汇不同的联想，甚至误解原义。这时就需要我们在音译的基础上对音译词语加以补充解释，也就是根据两种语言间不同的语言习惯、表达方式，在翻译时增加一些短语或句子，以译出源语作者感到音译理所当然时译文读者却不甚了解甚至感到诧异的意义。例如，中国传统乐器"二胡"就翻译为"the erhu fiddle"；古典诗词里面的"词"译为"the Ci Poetry"；中国戏曲里的角色，如生、旦、丑等的翻译也是如此："生"译成"sheng, the chief male"；我国古代的一些器皿的翻译也大都采取这种方法，如"尊"为"Zun, wine vessel"，"鬲"为"li, hollow-legged tripod vessels"。

《中国日报》2006 年 1 月 31 日的一篇报道在提到中国特色词汇"压岁钱"的时候是这样处理的，"To present children with newly printed cash as Ya-suiqian, or gift money, is one ritual of Chinese in Celebrating Lunar New Year"。这一译文既表达了中国文化的独特含义，又恰到好处地保留了鲜明的文化特色，符合文化词语汉英翻译的原则。

另外，2008 年奥运会吉祥物福娃的英译名就定为 Fuwa，在具体语境中辅以解释：Fuwa, the five mascots of the 2008 Beijing Olympic Games. They are Beibei, Jingjing, Huanhuan, Yingying and Nini, which means "Beijing welcomes you" in Chinese。

3. 音译加注释法

音译加注释法是音译法中使用最多最广泛的一种方法，即音译并附上注脚音译进行释义，这样既有利于文化交流，又能在一定程度上丰富译语的语言表现力。

例如：

这一夜没有月，未庄在黑暗里很寂静，寂静到像羲皇时候一般太平。

Wei Village lay very quiet in the darkness, as quiet as it might have lain during the reign of Fu Xi.

＊Legendary ruler of high antiquity under whose idyllic reign China prospered in peace and tranquility.

伏羲是华夏文明的始祖，由于他的统治，华夏才得以繁衍，文明才得以在和平与祥和的状态下欣欣向荣地发展。故而，译者莱尔采取了直译加注的方法，以突出"伏羲"时代的安宁与祥和。

对于一些含有特殊文化意义的汉语词汇，也可以采用音译加汉语注释的方法，也就是在专门术语的英语译文后面，以脚注、尾注的方式注出相应的汉字来，如，*The Book of Changes*（《易经》），*The Book of Rites*（《礼记》），Rectification of Names（正名），Hui Shi（惠施）。我国的人名、地名和一些专门术语常常采用音译的方法，而汉字中同音异形字是很多的。例如，Li Yu 这个人名就有可能是李煜（五代南唐国主，词人）、李渔（清戏曲理论家，作家）或者李育（东汉经学家）。所以对这些易引起混淆的专门术语可以加上汉注。

（二）直译法

在翻译文化词语时直译法也是一种常用的方法，它以原义的词汇和句法结构为中心，追求词义上的细微差别，使译文尽可能再现原文的含义。直译法主要包括直译加解释法和直译加注释法。

1. 直译加解释法

直译是在译文中采用源语的表达法，它能够保留源语词语的字面形式和直接语义，从而保持词语的民族文化特色，但是在很多情况下，直接把汉语的文化词语翻译成英语会让英语读者不知所云，这时加上一些解释性的词语，便于译入语的读者理解源语词汇的内涵。

（1）黄白之术：the art of the "yellow and white", or the transmutation of base metals into gold and silver。

"黄白之术"是我国古代方士烧炼丹药，点化金银的法术，黄白二字特别形象，直译成 the art of the "yellow and white"，保留了原词的形象色彩，再与解释部分相配合，构成了既"信"且"达"的译文。再看下面的例子：

（2）尼姑待他们走后，定了神来检点，龙牌固然已经碎在地上了，而且又不见了观音娘娘座前的一个宣德炉。（《阿 Q 正传》）

The nun, pulling herself tighter after they had gone, made an inspection. Naturally the imperial tablet had been smashed into fragments on the ground, and the valuable Hsuan Te censer before the shrine of Kuanyin, the goddess of mercy, had also disappeared.

观音菩萨是大慈大悲、救苦救难的菩萨，中国读者对于"观音娘娘"所代表的含义一看即知；而英美国家的读者普遍对佛教文化所知甚少，故译者添加了解释"The goddess of mercy"，以帮助译文读者理解句子的含义。这样，原文的文化色彩得以保留，译文也通顺流畅。

2. 直译加注释法

直译加注释法是英译文化词语中最常用的方法之一。因为汉语文化词语具有鲜明的民族文化特征，这些特征在特定的上下文中有相应的含义。在有些情况下，对于文化负载，往往一两句话不足以说明问题，所以用脚注、尾注等进行解释，可以帮助读者更好地理解源文化的真正含义。例如，杨宪益在翻译"老君的仙丹"一词时，先用直译译出"Lao Tzu with a magic elixir"，后附加上脚注加以补充说明"According to *Pilgrimage*, a 16th century novel by Wu Cheng-en, the founder of Taoism Lao Tzu became an immortal after his death and distilled elixirs in the celestial region."。这样，便可以让译语读者充分理解这一词语的文化特色。

再看《红楼梦》里的另一句话：

(1) 从此空空道人因空见色，由色生情，传情入色，自色悟空……

As a consequence of all this, Vanitas, starting off in the Void (which is truth) came to the contemplation of Form (which is illusion); and from Form engendered Passion; and by communicating Passion, entered again into Form; and from Form awoke to the Void (which is truth).

"色"和"空"都是佛教用语，要想译好这两个词，必须对佛教文化有所了解。佛教把客观世界的万事万物都叫作"色"，并认为"色"是人感觉上虚假的幻影，是不真实的，也就是空的。在英语中，"色"和"空"根本找不到完全对应的词。霍克斯在翻译时采用了直译加注释法，将"空"译为 Void，并注上"which is truth（真理）"，将"色"译为 Form，注上"which is illusion（幻影）"，这样，译语读者就能比较方便地理解这两个文化词语的内涵。

再看下面一例：

(2) 孙子曰：兵者，国之大事，生死之地，存亡之道，不可不察也。

Sun Tzu said: What is war? It may be described as one of the most important affairs to the state.

It is the ground of death or life of both soldiers and people, and the way that governs the survival or the ruin of the state. So we must deliberately examine and study it.

Way: in ancient Chinese language "way" means law, principle, or reason.

只有这样加以脚注之后，译文读者才能真正明白"道"的实际内涵。

（三）意译法

如果说直译法和音译法侧重的是文化负载词的文化色彩或形象的再现，那么，"意译"则强调词汇在具体语境中传达的实际意义。例如，《红楼梦》中凤姐说的一句话："他是'哪吒'，我也要见见。"这句话中，对于"哪吒"一词，霍克斯采用了意译法，译为"a three-faced wonder with eight-arms"。虽然这样损失了原文的一些文化信息，但从交际角度考虑，"哪吒"一词所包含的"凶狠"的文化内涵已成功传达给读者，也不失为一种既能传递意义又让行文流畅的好办法。再看下面的例子：

（1）他写了一封"黄伞格"的信，托假洋鬼子带上城，而且托他给自己介绍介绍，去进自由党。

He had written an extremely formal letter, and asked the Imitation Foreign Devil to take it to town; he had also asked the letter to introduce him to the Liberty Party.

句子中的"黄伞格"对于现今的中国读者来说已相当陌生。它实际上是一种写信的格式。信的书写方式使信的文字排列像一把黄伞的伞柄。黄伞是以前的官吏所使用的仪仗，这样格式的书信表示对对方的恭敬。作者的意图显然不在书信格式的本身，而只是为了突出赵秀才对举人的巴结和卑恭心态罢了。因此，此译是可取的。

（2）人家是醋罐子，他是醋缸、醋瓮。

If other women are jealous, she's a hundred times so!

"醋"在英语中的对应词应为"vinegar"，但是"醋"在汉英两种文化中却有不同的内涵。"醋"常引申为男女之间在爱情关系上表现出的嫉妒，也为"吃醋"，这时它在英语中的对应词可以是"jealous"，但无论是"vinegar"还是"jealous"都无法表达出"醋"在汉语文化中所具有的联想意义——一种酸溜溜的，说不清道不明的情感。vinegar 在英语中的联想意义是 badtemper，没有汉语中的嫉妒之意；jealous 除了嫉妒之外，还有羡慕之意。这里将"醋罐""醋缸""醋瓮"译成"jealous"和"a hundred times so"看似有些超额，但将"醋"的引申内涵保留了下来。

文化因素的特殊性和复杂性决定了文化词语在翻译手段上灵活和变通的特点。这些方法各有所长，但并不意味着在具体的运用中可以截然分开。为了尽最大可能地发挥译语优势，重现源语词汇信息，译者必须根据源语词汇在特定语境中的内涵、色彩和功能，对上述方法创造性地加以选择、融合和补充。例如，"粽子"一般音译为 zongzi，但在《赤胆忠心》里有一句话："他们用绳子五花大绑，把节振德捆得像个粽子似的"，这时如果译成"trussed him up like a zongzi"，会造成语义上的模糊，达不到翻译的本来目的。但是把译文更改成"trussed him up like a fowl"，会使读者形象地理解原文的含义，符合"忠实，通顺"的翻译标准。由此可见，对于文化负载词汇的翻译，要根据具体的翻译目的和翻译语境做适当调整。

另外，在具体操作中，依据不同情况还可以结合使用各种翻译方法，如音意结合法、直意结合法等。还可以运用其他方法如概括法（用概括的条款来包含源语中所要表达的较多具体的条款），部分改译法（改动原文中的部分形象）等。在翻译过程中，译者既要掌握英语和汉语的语言知识，又要精通西方文化和中国传统文化。只有熟悉中英文化差异，在翻译文化词语时，才有可能使译文达意、传神。灵活地综合运用音译、直译、意译、扩译等技巧，尽可能将文化词语的深层寓意准确地表达出来。

第五节　汉语成语的翻译

一、汉英成语比较

成语是人们长期以来习用的简洁精辟的固定词组或短句。汉语成语言简意赅，生动形象，结构稳定。汉语成语一般都有出处，或来自经典名著，或来自历史故事，或经过人们口头流传下来。汉语成语大多以四字格形式出现，并且很多是音节和谐、声调平仄，成语中的词序不能随意更改，成语中的成分也不能随意增减。

英语中的 idiom 可以和汉语的成语相对应，但 idiom 强调的是语言的特殊用法，也就是习语性。英语成语的组成格式无严格要求，可以由两词、三词、四词或五个及五个以上的词语组成，如 crocodile tears、bite off more than one can chew 都是成语。

汉语成语和英语成语有许多相似之处，也存在很多差异。但总的来说，汉英成语在修辞方面均具有比喻丰富、形象生动和对偶鲜明三大特色。

（一）比喻丰富

汉英成语中都蕴含丰富的比喻，但在比喻的运用上却有很多差异。

1. 喻体、喻义相似

趁热打铁 to strike while the iron is hot

如履薄冰 to be on the thin ice

隔墙有耳 walls have ears

轻如鸿毛 as light as a feather

破釜沉舟 to burn one's boat

2. 喻义相似，喻体不同

骨瘦如柴 as thin as a rail

一贫如洗 as poor as a church mouse

血流如注 to bleed like a pig

不伦不类 neither fish nor fowl

狼吞虎咽 to eat like a horse

3. 喻体相似，喻义不同

行尸走肉≠walking skeleton

抛砖引玉 ≠ throw a sprat to catch a whale

cast pearls before swine≠ 明珠暗投

dog eat dog≠狗咬狗

eat one's words≠食言

4. 喻体多种，喻义相似

左右为难 between the devil and the deep sea

进退维谷 between the horns of a dilemma

骑虎难下 stick in the mud

进退两难 with one's back to the wall

左支右绌 at a nonplus

无所适从 between two fires

莫衷一是 in a cleft stick

不上不下 hold a wolf by the ears

此外还有带有独特文化背景的喻体，如：

东施效颦 Trojan horse

叶公好龙 a Judas kiss

（二）形象生动

1. 汉语形象具体，英语形象含蓄

声色俱厉 to put on screws

没精打采 to be a cup too low

大言不惭 to turn geese into swan

2. 汉语形象含蓄，英语形象具体

一清二楚 as clear as crystal

格格不入 a square peg in a round hole

循规蹈矩 as regular as a clock work

（三）对偶鲜明

汉语成语很多是由对偶形式组成的，对仗工整，节奏感强；英语习语也有一定数量的对偶形式，但不如汉语明显，需要仔细分析才能看出对偶性质。

1. 顺对（同义对）

扬眉吐气 to hold one's head high

哗众取宠 to play to the gallery

烟消云散 to turn to dust and ashes

2. 逆对（反义对）

声东击西 to shoot at a pigeon and kill a crow

有恃无恐 to count on one's own cards

得不偿失 the game is not worth the candle

二、汉语成语的英译

英译汉语成语最基本的要求是：注意原文的思想内容，联系上下文和语言结构的整体来翻译，避免死译硬译。具体来说，主要有以下几种方法。

（一）套译法

英语里有些成语与汉语成语是对应的，结构相似，喻体相似，喻义也相似，套用英语的同义成语来译汉语成语，既能忠实于原文意思，又能在表达上充分体现原成语的神韵。但要注意，套用时要充分考虑各自的特点，特别是一些与汉语成语喻体相似而喻义并不相似的成语，这样的英语习语不能套用。

1. 我没想到他对别人的批评竟充耳不闻。

I didn't expect him to turn a deaf ear to other peopl's criticism.

2. 只有大胆地破釜沉舟跟他们拼，或许有翻身的那一天！

All you can do is to burn your boats and fight them in the hope that one day you'll come out on top.

英语中有些成语与汉语成语喻体不同，但是喻义相似，这样的成语也可以借用来翻译汉语成语。

3. 今既入了这园，再遇湘云、香菱、芳官、蕊官一干女子，所谓"人以类聚，物以群分"，二语不错。

Coming here now and meeting Hsiang-yun, Hsiang-ling, Fang-kuan, Jui-kuan and the other girls, it was a genuine case "like attracts like" or "birds of a feather flock together".

（二）直译法

直译能够比较完整地保留原文成语的比喻形象、民族色彩和语言风格，对于汉语成语中大量语义明确、浅显又无对应英语成语可以套译的条目，采取直译的方法最为便捷、恰当，也能够较好地传达出原文的形式、意义和精神。

她咯咯地笑着说："这叫画饼充饥！"

Now she chuckled and commented ： "That's called 'Drawing a cake to satisfy your hunger'. "

（三）意译法

当直译有困难或者勉强译出而英语读者无法理解时，一般应采用意译法。如"眉飞色舞"若硬译成"one's eyebrows are flying and countenance is dancing"定会贻笑大方，只能灵活地意译为"to beam with joy"才能被英语读者所接受。由此可见，意译注重的是喻义的传达，这势必要舍弃形象，结合上下文灵活再现原意。

1. 谭招弟碰不得吗？你是三头六臂，我也敢碰。

Is Tan Chao-ti some sacred being that no one dares to offend? But I dare, even if you're a demigod!

2. 刘雨生回到乡政府，把老谢的话，一五一十，告诉了邓秀梅和李月辉。

When Liu Yusheng got back to the township government，he recounted everything Lao Xie had said in detail to Deng Xiumei and Li Yuehui.

3. "得陇望蜀，人之常情……"

It's only natural for men to hanker for more…

（四）直译加意译法

有时为了更确切有效地表达原意，可以兼用直译法和意译法，使译文保留原文比喻形象的同时，做适当补充，更加清晰地传递原意。

1. 她一个单身人，无亲无故。

But this girl was all by herself and far from home，without a single relative or friend to help her.

"无亲无故"译为"without a single relative or friend"，同时补充上"to

help her"点出含义，使全句意义得到完整的再现。

2. 上下等人，打扮得花团锦簇。

As for the inhabitants of the mansions，all of them，both masters and servants，seemed，in their dazzling holiday array，like walking flower-gardens of brilliant embroidery and brocade.

第六节　汉英谚语、歇后语的翻译

一、谚语的翻译

谚语是对各种生活现象进行综合概括并在群众中广泛流传运用的语言。谚语大部分是劳动人民对长期生活经验的科学总结。谚语形象鲜明生动，寓意深刻，富有思想性、艺术性和大众性。

在语言特点上，谚语的文体非常口语化，用词通俗、精练；节奏鲜明，单句讲究韵律，双句讲究对仗，音调和谐，朗朗上口；修辞生动，言简意赅。汉英语言中都有大量的谚语。例如：

一年之计在于春，一日之计在于晨。

留得青山在，不怕没柴烧。

三思而后行。

一寸光阴一寸金。

三百六十行，行行出状元。

Out of sight，out of mind.（眼不见，心不烦。）

An apple a day，keep the doctor away.（一天一苹果，医生远离我。）

Spare the rod and spoil the child.（省了棍棒宠坏了娃。）

Like father，like son.（有其父必有其子。）

One is never too old to learn.（活到老，学到老。）

谚语的翻译取决于谚语的特点和文化背景。一般来说，汉语谚语的英译主要有以下几种方法。

（一）直译

由于多数汉语谚语采用形象的比喻，只要不影响英语读者的理解和接受，翻译时应尽可能再现汉语谚语中的形象，采用直译的方法。

1. "你难道没有听见人说：嫁鸡随鸡，嫁狗随狗，哪里个个都像你大姐姐做娘娘呢？"

"Surely you know the saying，' Marry a cock and follow the cock；marry a dog and follow the dog？' How can every girl like your eldest sister, chosen as an Imperial Consort？"

2. 我的好多时间都糊里糊涂地混过去了，"少壮不努力，老大徒伤悲"。

Very much of my time has been frittered away aimlessly. As the saying goes，"One who does not work hard in youth will grieve in vain in old age."

（二）意译

有一部分谚语由于语言结构具有汉语的独特特征，或者蕴含丰富的汉文化背景，无法直译为英语，这时就没有必要追求原文的形式，可采用意译的方法，舍弃原文形象而采纳原文喻义会帮助译文读者更好地理解原文。

1. 他亦未始没有相当成就，但是仅仅十万人口的双桥镇何足以供回旋，比起目前这计划来，真是小巫见大巫了！

There，his achievements had not been insignificant；but his scope had been limited by the small population barely a hundred thousand. His activities in Shuang chiao Town had been mere child's play compared with this present scheme.

"小巫见大巫"指的是如果法力比较小的巫婆或巫师遇到法力比较大的巫婆或巫师，就会相形见绌，施展不出法术，后来人们就用它比喻相形之下，一个事物远远比不上另一个事物。在以上英译中作者用了"mere... compared to..."的表达方式表达原文的喻义。如果直译为"A small witch meets with a big witch"，根本表达不出原来的含义，并与译文格格不入。再看下面的例句。

2. 但真所谓"塞翁失马焉知非福"罢，阿Q不幸赢了一回，他倒几乎失败了。

However，the truth of the proverb "misfortune may prove a blessing in disguise" was shown when Ah Q was unfortunate enough to win and almost suffered defeat in the end.

（三）套译

英语中有不少与汉语相似或相近的谚语。对这些基本对等的谚语可以用套译的方法，使译文更加通顺地道，易于译文读者接受。

1. "巧媳妇做不出没米的粥来"，叫我怎么样呢？

"I don't see what I am supposed to do without any capital. Even the cleverest housewife can't make bread without flour!"

2. 三思而后行。

Look before you leap.

在翻译谚语时有两点要特别注意：第一，千万不能用含有西方地名或人名的谚语去套译汉语谚语。这样可以避免引起读者的惊讶和误会。比如，如果把农村老大爷说的"入乡随俗"译为"do as the Romans do"，英语读者会以为中国的农村老大爷也通晓西方的谚语。第二，谚语的翻译要兼顾口语化和艺术性。因为谚语的语言本身比较通俗易懂，接近日常口语，所以译文也要口语化。但翻译时不能用太随便的口语句子，要注意用词的恰当与上下句的对仗，以体现原文的艺术性。

二、歇后语的翻译

歇后语是中国人在实际生活中创造出来的一种独特的语言形式，英语中没有这种语言形式。汉语歇后语通常是由两部分组成的一句话，前半部分是形象的比喻，像谜面；后半部分是解释和说明，像谜底。通常只说前一部分，而本意在后一部分。例如，外甥打灯笼——照旧（舅）。

歇后语具有鲜明的民族特色和生活气息，幽默风趣，耐人寻味。歇后语大致分为两类：一类是喻义歇后语，这类歇后语比喻比较明确，后半部分是对前半部分的解释和说明。例如，竹篮打水——一场空，猫哭老鼠——假慈悲，狗咬吕洞宾——不识好人心，等等。另一类是双关歇后语，这类歇后语利用谐音或词语的引申义，通过联想来表达意义。例如，和尚打伞——无法（发）无天（谐音双关），章鱼的肚子——有墨水（语义双关）。

要将这种蕴含丰富民族文化内涵与体现独特语言结构的歇后语译成英文，译者所跨越的不仅是语言障碍，更是文化障碍。

从形象角度出发，翻译歇后语时通常可采取以下几种方法。

（一）保留形象，直译

在不影响理解的前提下，不含双关的喻义式歇后语一般采用直译法。这样能够保持原文形式，传达原文的内容和形象，便于译语读者阅读和欣赏。

1. "朱斌这个人就是狗咬耗子，多管闲事！"

"它是狗，你是耗子？人家关心你！"

"Chu Pin! He's like a clog worrying mouse, can't mind his own business!"

"He's being the dog and you the mouse, eh? No, he just did it because he's concerned about your welfare. "

有时译者为了译出歇后语的形象按照字面直译，却难以传达歇后语说明部分要阐明的内在含义，所以只能增加一句话作为说明。

2. "看你，隔着门缝瞧人，把人看扁啦。"

"Humph! If you peer at a person through a crack, he looks flat! Don't be so prejudiced. "

（二）保留形象，删译

当有些歇后语的形象本身能说明喻义的时候，读者能从喻体形象或上下文喻体中直接推知喻义，这时可以保留前半部分形象，后半部分省略不译。

1. 小小子知道黄鼠狼给鸡拜年，没安好心眼；可又不能不接待他。

Hisao realized that it was a case of the weasel coming to pay his respects to the hen. He was very uneasy, but he had to entertain his unwanted visitor.

2. 我在店里呢，是灯草挂杖，做不得主的。

I'm afraid you'll find me a broken reed, since my position in the company doesn't permit me to make such a position individually.

（三）改变形象，套译

由于汉英语言文化的差异，一些歇后语翻译成英译时无法保留原来的形象，只能套用译语读者比较熟悉的形象，使译文与原文产生同样的效果。

1. "你可倒好，肉包子打狗，一去不回头啊!" 她的嗓门很高，和平日在车上与车夫们吵嘴时一样。

"Well, you certainly are a guy! A dog given a bone who doesn't come back for more!" Her voice was as loud as when she bawled out at the rickshaw men in the yard.

2. 他心里像有十五个吊桶打水，七上八下地不安宁。

It was as if the sword of Damocles hang over him.

（四）舍弃形象，意译

很多歇后语带有浓厚的汉民族文化色彩，有的包含中国古代人名、地名、典故，有的牵涉中国特别的风俗习惯和宗教用语等，这些如果直译过去，英语读者会觉得难以理解，所以翻译这类歇后语时只能舍弃原文形象意译，使译文符合英语表达习惯。

1. 等他们赶来增援时，已是"正月十五贴门神——晚了半月啦"。

But they were too late for a rescue.

采用双关手法的歇后语，不论是语义双关还是谐音双关，都只能舍弃形象，直接翻译出它的实际意思。

2. 生活的海里起过小小的波浪，如今似乎又平静下去，一切跟平常一样，一切似乎都是外甥打灯笼，照旧（舅）。

The even tenor of their life had been disturbed，but things seemed to be settling down again. The villagers felt themselves back in the old rut.

（五）保留形象，直译加注

翻译歇后语时，有时译者为保留形象采用直译法，而由于歇后语中丰富的文化内涵及背景知识无法传递给译文读者，为了便于英译读者的理解，只能采取直译加注解说明的方法来翻译。

比如，歇后语"和尚打伞——无法（发）无天"有这么一个常见的英译：a monk under an umbrella — wu fa wu tian（without hair, without heaven）— defying laws human and drvine。译者试图通过汉语拼音和括号加注的办法来移译源语的修辞格，同时又以破折号后加解释语来阐明该成语蕴含的言外之意。从整体上看，该译文可视为能与源语效果庶几相近的佳译。

参考文献

［1］ 陈莹，吴倩，李红云．英语翻译与文化视角［M］．长春：吉林人民出版社，2020.

［2］ 张曦．MTI英语翻译基础［M］．上海：上海交通大学出版社，2019.

［3］ 樊洁，崔琼，单云．语言学与英语翻译教学研究［M］．长春：吉林人民出版社，2021.

［4］ 杨馨，朱彦臻，田申．英语翻译理论与方法研究［M］．长春：吉林人民出版社，2019.

［5］ 孟红，侯晓莉．大学英语翻译教程［M］．天津：天津科学技术出版社，2017.

［6］ 马予华，陈梅影，林桂红．英语翻译与文化交融［M］．长春：吉林人民出版社，2017.

［7］ 李俊清著．商务英语翻译实践［M］．成都：电子科技大学出版社，2017.

［8］ 吴丹，洪翱宙，王静．英语翻译与教学实践［M］．长春：吉林人民出版社，2017.

［9］ 孔祥娜，李云仙．英语翻译方法与技巧演练［M］．长春：吉林美术出版社，2018.

［10］ 孙宝凤著．英语翻译多维视角探究［M］．北京：九州出版社，2018.

［11］ 张富庄，董丽．当代高校英语翻译教学研究［M］．长春：吉林人民出版社，2019.

［12］ 段云礼，江治刚，李军花等编．经贸英语翻译［M］．北京：对外经济贸易大学出版社，2016.

［13］ 张彬．英语翻译与教学创新研究［M］．西安：西安交通大学出版社，2017.

[14] 张燕红，宋阳明．英语翻译与写作技巧研究［M］．成都：电子科技大学出版社，2017．

[15] 董迪雯，李珍，官印．现代英语翻译与写作技巧［M］．成都：电子科技大学出版社，2017．

[16] 佟丽莉．语言学与英语翻译教学的多维度探析［M］．西安：陕西科学技术出版社，2020．

[17] 唐昊，徐剑波，李昶作．跨文化背景下英语翻译理论研究与实践探索［M］．长春：吉林人民出版社，2020．

[18] 吴春雪．中式英语翻译品鉴和写作研究［M］．延吉：延边大学出版社，2018．

[19] 周婷．大学英语翻译技巧与实践教程［M］．武汉：华中科技大学出版社，2017．

[20] 程璠，杨可伊，杨镕静．英汉对比视角下的英语翻译研究［M］．北京：九州出版社，2017．

[21] 黄俐，胡蓉艳，吴可佳．英语翻译与教学实践创新研究［M］．成都：电子科技大学出版社，2017．

[22] 张丽红．中华文化与英语翻译研究［M］．北京：光明日报出版社，2017．

[23] 刘丽红，蒋翠．英语翻译技巧与原则研究［M］．长春：吉林出版集团股份有限公司，2017．

[24] 江峰，丁丽军．新编英语翻译技巧［M］．南昌：江西高校出版社，2012．